BUSINESS KOREAN

비즈니스 한국어

연세대학교 한국어학당 편

연세대학교 출판문화원

비즈니스 한국어

편저자 연세대학교 한국어학당 교재편찬위원회
집필진 김미옥 · 윤은미 · 이호정 · 김종인
발행 연세대학교 출판문화원

주소 서울시 서대문구 연세로 50
전화 2123-3380~2
팩스 2123-8673
ysup@yonsei.ac.kr
http://www.yonsei.ac.kr/press
등록 1955년 10월 13일 제9-60호
인쇄 (주)화신문화
녹음 (주)반도음반
성우 윤미나 · 전광주

2009년 8월 15일 1판 1쇄 2025년 3월 28일 1판 15쇄

ISBN 978-89-7141-885-7 (08710)

값 19,500원

머리말

국내 최고의 명성으로 한국어 교육의 50년 전통을 이어 온 연세대학교 언어연구교육원 한국어학당에서는 한국어 교육의 질을 높이기 위해 그 동안 많은 교재를 편찬해 왔다. 최근 한국과 한국 문화에 대한 세계인들의 관심이 높아지고 한국어를 배우고자 하는 해외동포와 외국인이 늘면서 한국어 교재에 대한 학습자들의 요구도 다양해졌다. 이에 따라 연세대학교 언어연구교육원 한국어학당에서는 다양한 학습자들의 요구에 맞는 새로운 교재를 출간하게 되었다.

연세대학교 언어연구교육원 한국어학당에서 출간하는 '비지니스 한국어'는 한국어로 비즈니스를 하는 사람들을 위한 교재로서 한국 회사뿐만 아니라 한국인이 다수인 환경에서 비즈니스 활동을 하는 경우에 필요한 한국어 능력 습득을 목표로 하고 있다. 특히 이 교재는 기본적인 의사소통 능력 외에 이해 능력을 집중적으로 향상시킬 수 있도록 했고 비즈니스 시 필요한 과제와 활동을 수행하게 하여 실제로 유용한 능력을 갖출 수 있도록 구성하였다. 아울러 30개의 비즈니스 업무를 담아 학습자의 비지니스 환경에 따라 필요한 업무를 골라서 학습할 수 있도록 배려하였다.

이 교재는 기본적으로 중급 수준의 한국어 구사가 가능한 학습자를 대상으로 제작하였다. 중급 수준의 문법으로 대화가 가능하도록 구성하였으며, 다만 비즈니스 업무 특성상 일반 목적의 한국어에 비해 어휘가 전문적이고 수준이 높다고 할 수 있다. 그러므로 비즈니스를 위해 빠른 한국어 숙달이 필요하다면 초급 수준의 한국어 교재인 '연세 한국어 1, 연세 한국어 2'를 학습하고 본 교재를 사용한다면 본 교재 내용 이해나 사용이 보다 용이할 것이다.

'비지니스 한국어'가 연세대학교 언어연구교육원 한국어학당에서 공부하는 학생들뿐만 아니라 한국어로 비즈니스를 하는 모든 학습자들에게 도움이 되기를 바란다.

연세대학교 언어연구교육원
한국어학당 교재편찬위원회

일러두기

- 비즈니스 한국어는 초급 과정을 마친 한국어 학습자들이 한국과 관련하여 비즈니스 활동을 하는 데에 도움을 주고자 개발하였다.
- 본 교재는 비즈니스와 관련한 다양한 주제를 다루고 있으며, 비즈니스 활동에서 중요하거나 자주 접하는 다양한 과제를 익힐 수 있도록 구성하였다. 따라서 한국과 관련하여 비즈니스 활동을 하고 있거나 할 예정인 학습자들에게 도움이 될 것이다.
- 본 교재는 총 30개 과로 이루어져 있다. 각 과는 제목, 학습 목표, 도입 그림이나 사진, 도입 질문, 대화, 본문 어휘, 관련 어휘, 문법, 듣기, 읽기, 과제와 활동으로 구성되어 있으며 교재의 중간 중간에 비즈니스 tip이 제공되고 있다. 교재의 뒷부분에는 듣기 지문, 모범 답안, 어휘 색인이 있다.
- 각 과의 제목은 그 과의 주제를 나타내며 30개 과에 걸쳐 선정된 주제들은 비즈니스 활동에서 중요한 주제이거나 자주 접하는 상황과 관계된 주제이다.
- 각 과의 학습 목표는 그 과에서 학습자들이 학습할 문법, 어휘, 의사소통적 과제를 중심으로 제목 아래에 제시하였다.
- 도입 질문은 주제와 과제를 쉽게 이해할 수 있는 그림이나 사진 아래에 제시하여 학습자들이 주제에 대해 흥미와 관심을 가질 수 있도록 하였다.
- 본문 대화는 각 과의 주제와 관련한 대화로 3개의 대화쌍으로 구성하였다.
- 본문 어휘는 각 과의 본문 대화 어휘 중 중급 수준에서 새로 제시할 만한 어휘를 다루었고, 연습 문제를 통해 의미와 사용법을 숙지하도록 하였다.
- 관련 어휘는 1과 2로 나누어 제시하였는데 관련 어휘 1은 각 과의 주제와 관련된 어휘이고, 관련 어휘 2는 본문에 소개된 어휘 중 한자어가 포함된 어휘를 소개하고 같은 의미의 한자어가 포함된 여러 가지 단어를 4~5개 정도 제시하였다. 그리고 연습 문제를 통해 의미와 사용 방법을 익히도록 하였다. 특히 관련 어휘 2에서는 학습자들이 다양한 한자어를 학습할 수 있으므로 비한자어권의 학습자에게 큰 도움이 될 것이다.
- 문법은 각 과에서 다루어야 할 핵심 문법을 두 개씩 선정해 제시하였고 연습 문제를 통해 문법의 의미와 기능을 중심으로 연습할 수 있도록 하였다. 연습 문제는 대화로 제시하여 실제 의사소통에서의 사용 방법을 익히도록 하였다.
- 듣기는 각 과의 주제와 관련한 내용의 지문을 들려주고 질문에 대답하게 하는 형식으로 전체적인 내용을 파악하게 하는 질문과 자세한 정보를 파악하게 하는 질문으로 구성하였다. 과에 따라 한 개 또는 두 개 이상의 지문을 포함시켰으며 지문의 내용은 교재의 뒷부분에 서 확인할 수 있도록 하였다.
- 읽기는 각 과의 주제와 관련한 내용의 텍스트를 제시하고 질문에 대답하게 하는 형식으로 전체적인 내용에 관한 질문과 세부적인 내용에 관한 질문으로 구성하여 학습자들이 비즈니스와 관련한 내용을 익힐 뿐만 아니라 학습자들의 읽기 학습 전략 및 읽기 능력을 향상시킬 수 있도록 하였다.
- 과제와 활동은 각 과의 주제와 관련하여 말하기, 읽기, 쓰기, 듣기 등의 기능이 포함된 다양한 형태의 통합적 과제이다. 짝 활동, 그룹 활동 등을 포함하여 학습자들이 주어진 맥락에서 의사소통을 할 기회를 제공했으며, 활동의 결과를 여러 사람 앞에서 발표하게 함으로써 적극적인 의사 표현 능력을 기를 수 있도록 하였다.
- 비즈니스 tip을 넣어 학습자들이 한국의 비즈니스 문화를 이해하고 쉽게 접근할 수 있도록 하였으며 특히 다양하고 흥미로운 내용을 넣어 학습자가 한국 비즈니스 문화에 쉽게 적응할 수 있도록 하였다.
- 부록에서는 듣기 지문과 문제 답안, 그리고 교재에 소개된 어휘를 가나다 순으로 정리하였으며 어휘에 해당하는 항을 함께 제시하였다.

차례

내용구성

과	제목	본문어휘	관련어휘	문법	듣기	읽기	과제 및 활동	비지니스 TIP
1	구직	해외영업 모집 지원 접수 연봉 장래성	자격, 학력 경력, 필기 면접, 전형 방법 지원서, 계약서, 신청서, 계산서, 증명서,	-는다면서요? -는다니까	구직자와 회사 인사부 직원의 전화내용 구직자가 준비해야 할 것에 대한 대화	'좋은 기업 베스트 100' 에 대한 기사	취업 박람회장에서 취업 상담하기	
2	자기소개서	대체로 인사 담당자 평범하다 신경쓰다 손을 보다	성장, 환경 성격의 장단점, 취미 및 특기, 사항, 지원 동기 및 포부 개성, 활동성, 전문성, 가능성, 상품성	-기는 -지만 -도록	자기소개서 작성시 주의 사항에 대한 대화	자기소개서	자기소개서 쓰기	
3	면접	영업부 학과 장애인 봉사 활동 업무	동아리 활동, 어학 연수, 인턴십 영업부, 인사부, 연구개발부, 총무부, 홍보부, 자금부	-게 되다 -은 적이 있다	면접시 주의 사항에 대한 인터뷰	면접에 성공하기 위한 주의사항	1. 면접에 자주 나오는 질문 알아보기 2. 면접관, 지원자가 되어 면접하기 3. 면접 질문 선택하기 4. 면접 결과 발표하기	
4	부서와 업무	환영하다 제품 알리다 부서 최선을 다하다	자금 관리, 제품 개발, 고객 관리, 기획 최선, 최고, 최저, 최대, 최소, 최하	-기 위해서 -지 않으면 안 되다	업무 소개	'성격에 맞는 부서와 업무 선택' 에 관한 기사	1. 신입사원의 부서 배치하기 2. 팀별로 인사 결과 말하고 설명하기	

과	제목	본문어휘	관련어휘	문법	듣기	읽기	과제 및 활동	비지니스 TIP
5	명함	명함 대단하다 업계 경쟁 치열하다 마음을 놓다	원장, 대표이사, 전문의, 연구원, 팀장 경쟁, 경쟁력, 경쟁자, 경쟁사, 경쟁률	-기는요 으로 봐서는	명함을 주고 받으며 일에 대해 상의하는 대화	성공적인 사회생활을 하기 위한 명함관리 방법	1. 명함을 주고 받으면 서로 이야기 하기 2. 명함을 교환하며 인사하기	
6	회의	조사 판매 실적 분석 현지인	동의, 찬성, 반대, 의견, 제안 현지인, 연예인, 직장인, 중개인, 상인	-어 놓다 -는다고 보다	회의 상황의 대화	성공적인 회의	1. 회의에서 자주 사용되는 표현 익히고 바르게 고치기 2. 회의하기	회사에서는 이름을 어떻게 불러야 할까요?
7	프레젠테이션	청중 효과적이다 전달하다 발표 몸짓	화술, 시청각자료, 출처, 요약본 본론, 토론, 서론, 결론	-느라고 -었는데 -게 마련이다	프레젠테이션 잘하는 법'의 저자와 기자와의 인터뷰	프레젠테이션	1. 프레젠테이션 표현 익히기 2. 회의 결과에 대해 프레젠테이션하기	
8	비즈니스 이메일	가격표 답변 요청하다 첨부파일 수신 참조	보낸 편지함, 받은 편지함, 입력, 스팸 메일, 수신 확인, 삭제 관심, 애국심, 호기심, 경쟁심, 자존심, 이기심,	-기 바라다 -는 대로	이메일 쓰는 법	이메일	1. 이메일 관련 표현 익히기 2. 이메일 쓰기	
9	게시물	게시판 야유회 참가하다 여부 점수를 따다	인사 발령, 부고, 공지 사항, 협조 요청 야유회, 동호회, 동창회, 송별회, 환영회	-느라고 -는다기에	게시물을 보고 하는 대화	게시물	게시물 쓰기	
10	회식	회식 영양 보충 습기 건배 애를 쓰다 마련하다	단합하다, 친목을 도모하다, 격려하다, 화기애애하다, 서먹하다 습기, 온기, 열기, 한기, 생기, 활기	-을 겸 -어 가면서	회식 자리에서 나누는 대화	회식 문화와 회식의 목적	1. 한국과 다른 나라의 회식 문화 비교하기 2. 자국의 회식 문화에 대해 발표하기	

과	제목	본문어휘	관련어휘	문법	듣기	읽기	과제 및 활동	비지니스 TIP
11	품질 관리	출력 겹치다 부품 품질 개선 영향을 받다	품질 인증, 품질 관리, 소비자 평가, 사용 후기, 보완하다 품질, 재질, 자질, 소질, 화질, 음질	-을 건가여? -아무리 -는다고 해도	품질 개선 사례에 관한 기사	품질 개선 후 매출 증가 사례	제품의 문제점에 대한 개선 방안 논의하기	
12	불만 제기	염색하다 희미하다 번지다 납기일 촉박하다 반품	환불, 수선, 교환, 요구, 수리 여성용, 전시용, 홍보용, 업소용, 사무용, 유아용	-을 뿐만 아니라 -도록 하다	클레임 내용	클레임 악용 문제에 관한 기사	1. 소비자 클레임에 대한 해결책 논의하기 2. 논의결과와 실제 처리 결과 비교하기	식사 후에 돈은 누가 내야 할까요?
13	고객 서비스	실시하다 고객 만족도 우수 직원 포상 재교육 옥상 기획하다	무상 보증 기간, 서비스 센터, 고객 관리, 소비자 상담실, 출장 서비스 재교육, 재방송, 재혼, 재활용, 재회, 재건축	-고 나서 사동사	고객 만족 서비스	고객 만족 경영	1. 업체의 서비스 평가하기 2. 고객에게 제공할 서비스 발표하기	
14	제품 설명하기	가격대 세련되다 기능 이동식 디스크 화소 내장되다 편집하다	특징, 소재, 소음, 전력 소모, 용량 내장, 내부, 내면, 내용, 내과, 내의	피동사 -는 데다가	제품 설명	제품 설명 요령	손님에게 제품 설명하기	
15	업무 전화	비우다 의뢰하다 건 통화 가능하다 전하다	대표 전화, 내선 번호, 교환원, 자동 안내, 직통 전화 회의중, 상담중, 휴가중, 출장중, 통화중, 부재중	-었던 만 -으면 되다	거래처 사람과의 통화	직장에서 전화를 받을 때의 예절	1. 업무 전화에서 자주 사용되는 표현 익히기 2. 전화로 만날 약속 정하기	
16	계약	보증금 월세 작성하다 계약금 신분증 날짜를 잡다 잔금	근로계약, 무역계약, 매매계약, 임대차계약 보증금, 상금, 중도금, 상여금, 축의금, 조의금	에 비하면 -으니 만큼	계약 상황에서의 대화	계약 시 주의 사항	1. 계약 내용 정하기 2. 계약 하기	

과	제목	본문어휘	관련어휘	문법	듣기	읽기	과제 및 활동	비지니스 TIP
17	신제품 개발	출시되다 판매율 전망 업체 반응	선보이다, 출시하다, 시제품, 개발, 제작 판매율, 성장률, 확률, 상승률, 이혼율	-어서 그런지 -던데요	신제품 개발	신제품 성공사례	1. 신제품 개발하기 2. 신제품 소개하기	
18	광고	까다롭다 고가 선정 광고주 내세우다	광고 효과, 광고를 의뢰하다, 광고를 내다, 광고를 싣다, 광고 문구 고가/저가, 고급/저급, 고층/저층, 고임금/저임금, 고비용/저비용	-으므로 -기에는	광고	좋은 광고의 요건	상품 광고 기획하기	
19	홈쇼핑	매출 구매력 레저용품 황금시간대 편성하다	상담원, 결제, 쇼호스트, 자동 주문, 무이자 할부, 선착순 구매력, 경제력, 자금력, 영향력, 잠재력	-는데도 -었던 것보다	홈쇼핑 사업의 성공 비결에 대한 인터뷰	홈쇼핑 판매 전략	홈쇼핑 판매 시간 편성표짜기	
20	시장조사	규모 차별화 기호 곡류 알아내다 예측하다	시장성, 시장 점유율, 전망, 성장, 독점 차별화, 온난화, 대중화, 고급화, 자동화	-을 줄 몰랐다 -더니	시장 조사의 중요성	소비 형태 변화에 대한 대응책의 중요성	시장 조사를 통해 사업 기획하기	
21	창업	외식업 소자본 창업 운영하다 안정적이다 워낙	임대하다, 권리금, 상권, 손익분기점, 손실, 순이익 음식점, 본점, 지점, 할인점, 대리점	-는다고 하던데 -느냐에 달려 있다	성공적인 창업을 위한 주의사항	PC방 창업	1. 모국에서의 창업 기획하기 2. 한국에서의 창업 기획하기	

과	제목	본문어휘	관련어휘	문법	듣기	읽기	과제 및 활동	비지니스 TIP
22	설문조사	대상 전반적 불만 사항 다소 간혹 실물 과제	항목, 연령, 성별, 연봉, 거주지 만족도, 중요도, 선호도, 호응도, 인지도	-으면서도 -는다기보다	설문조사를 하는 대화	설문조사 결과	1. 설문에 응답하기 2. 설문지 작성하기	
23	신용카드	발급 주유하다 적립 현금서비스 가맹점 혜택	연체이자, 일시불, 연회비, 총 결제 금액, 청구서 항공권, 입장권, 회원권, 탑승권, 상품권	-거든요 -는 편이다	올바른 신용 카드 사용	신용카드 신청 자격	1. 신용카드 추천하기 2. 신용카드 상품 만들기	
24	보험	보장 질병 지급되다 재해 골절상 특성 설계	의료보험, 실버보험, 상해보험, 교육보험, 연금보험 입원비, 관리비, 생산비, 교통비, 생활비, 학비	에 의하면 -을 만하다	보험 상품을 설명하는 대화	스타 보험 상품	보험 상품 개발하기	무슨 선물이 좋을까요?
25	미래 직업	감별하다 산업 특이하다 유망하다 뜨다 갖추다	작가, 사업가, 회계사, 세무사, 공무원, 연구원 직업, 서비스업, 유통업, 제조업, 건설업, 관광업, 출판업	-을 수록 -는 걸 보면 -는 것 같다	유망직종	유망직종 선택 시 주의사항	1. 한국에서 뜨는 직업, 지는 직업 살펴보기 2. 미래 사회의 직업에 대해 쓰기	
26	자료 분석	획기적이다 통계청 성능 처리 신뢰도	점유율, 차지하다, 비중, 증가하다, 감소하다, 늘다, 줄다 통계청, 국세청, 관세청, 시청, 구청	-다시피 -고말고	상품구매 결정 요인	통계분석을 활용한 기업의 성공 사례	1. 여러 업종에 활용 가능한 자료찾기 2. 마케팅에 자료 분석 이용하기	

과	제목	본문어휘	관련어휘	문법	듣기	읽기	과제 및 활동	비지니스 TIP
27	유행과 트렌드	눈에 띄다 욕구 독특하다 감각 반영하다 앞서다	유행을 좇다, 유행을 타다, 유행에 뒤떨어지다, 유행에 민감하다 고가, 정가, 할인가, 중저가, 판매가, 생산가	-음에도 불구하고 -던	남성 패션의 트렌드 관련 기사	소비 트렌드	1. 한국 소비 트렌드에 대해 이야기하기 2. 각 나라의 소비 트렌드 소개하기	
28	마케팅 전략	벤치마킹 위생적이다 공정 단골 고객 마음을 얻다	끼워 팔기, 무료 체험권, 세트 판매, 경품, 사은품, 포인트 적립, 시음 · 시식행사 비위생, 비수기, 비매품, 비공식, 비생산, 비영리	-고자 -음으로써	각 제품의 마케팅 전략	마케팅의 중요성	마케팅 전략짜기	
29	대인관계	부딪치다 효율성 중요시하다 상하다 우선이다 존중하다	대인관계, 원만하다, 발이 넓다, 붙임성이 좋다, 평판 내향적, 사교적, 비사교적, 적극적, 소극적, 외향적	-다 보면 도 이지만	좋은 인상 만드는 방법	직장 내 인간관계	1. 회사에서 제일 듣고 싶은 말 쓰기 2. 좋은 선/후배 에 대해 이야기하기	
30	존경받는 기업	환원 지속적으로 의지 방식 공익	기부, 후원, 장학사업, 자선사업, 사회사업 공익, 공중, 공공, 공동, 공영	-기란 여간 -은 일이 아니다 이든지	존경받는 기업	기업의 사회적 책임	1. 기업이 사회에 공헌하는 사례 이야기하기 2. 회사가 사회에 공헌할 수 있는 방법 이야기하기	한국의 미신이나 주의해야 할 행동에 대해 알아볼까요?

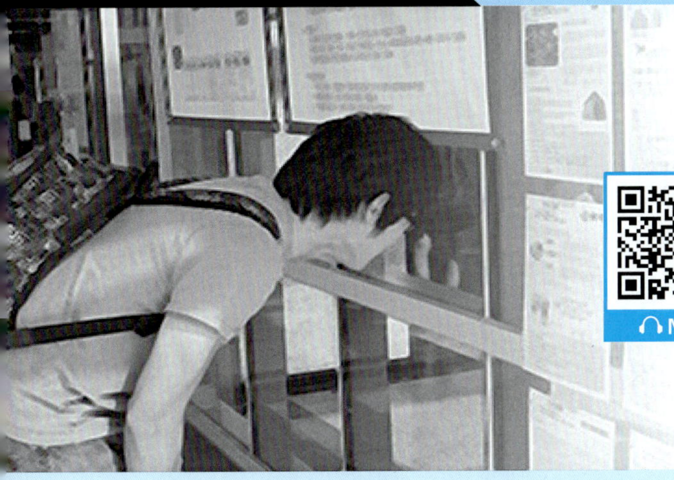

LESSON 1
구직

학습 목표 • **문법** -는다면서요?, -는다니까 • **어휘** 구직 관련 어휘 • **과제** 취업 상담하기

1 회사에 지원할 때 무엇이 중요합니까? 순서를 정해 보십시오.

듕 월급　드 휴가 기간　득 회사 분위기　든 회사 위치　듣 장래성

(　　　　) – (　　　　) – (　　　　) – (　　　　) – (　　　　)

2 왜 그렇게 생각하는지 이유를 이야기해 봅시다.

대화

김민수	선배님 회사에서 해외 영업 사원을 모집한다면서요?
선배	응, 민수는 영업 일이 성격에 맞을 것 같은데 한번 지원해 봐.
김민수	접수는 언제까지예요?
선배	다음 주 월요일까지 접수를 받는다니까 서둘러야 될 거야.
김민수	그 회사는 신입사원 연봉이 어느 정도 돼요?
선배	대기업보다는 조금 낮아. 그래도 우리 회사는 장래성이 있어.

본문 어휘

다음을 익히고 (　　　)에 알맞은 단어를 쓰십시오.

해외 영업	모집	지원	접수	연봉	장래성

1) 저는 이번에 신문사에 (　　　　　　)을/를 해 보려고 합니다.

2) 큰 회사에서는 매년 신입사원을 (　　　　　　)합니다.

3) 준비한 서류를 가지고 1층 로비에 가서 (　　　　　　)을/를 하세요.

4) 일을 한 결과에 따라 (　　　　　　)을/를 정하는 회사들이 많습니다.

5) (　　　　　　)을/를 하려면 무엇보다도 외국어를 잘 하는 것이 중요합니다.

6) 컴퓨터 시장은 계속 커질 테니까 IT회사는 (　　　　　　)이/가 있지요.

관련 어휘

1 **다음은 모집 광고에서 볼 수 있는 단어들입니다. (　　　)에 알맞은 단어를 쓰십시오.**

자격	학력	경력	필기	면접	전형 방법

세연 은행 모집광고

세연 은행에서 사원을 모집합니다.

■ 자격
· 학력: 4년제 대학교를 졸업하신 분
· 경력: 1년 이상 은행에서 일한 경험이 있는 분

■ 전형방법
· 1차: 필기 시험(상식, 영어, 국어 시험)
· 2차: 면접 시험

대현 자동차 영업사원 모집

대현 자동차와 함께 일할 분을 모집합니다.

■ 자격
· (　　　　): 6개월 이상 자동차 세일즈 경험이 있는 분
· (　　　　): 2년제 이상 대학을 졸업하신 분.

■ (　　　　　)
: 필기 시험은 없고 임원진과의 (　　　　) 시험으로 뽑습니다.

2 다음을 익히고 (　　　)에 알맞은 단어를 쓰십시오.

지원서	계약서	신청서	계산서	증명서

1) (　　　　　)을/를 보시면 식사하신 금액이 적혀 있습니다.

2) 회사에서 휴가를 가고 싶으면 미리 휴가 (　　　　　)을/를 써서 내야 합니다.

3) 취직하려고 할 때 졸업 (　　　　　)과/와 성적 (　　　　　)을/를 내야 하는 회사들이 많습니다.

4) 회사와 회사가 중요한 약속을 할 때 (　　　　　)을/를 씁니다. 집이나 자동차를 살 때도 씁니다.

문법

다음 대화를 완성하십시오.

1 -는다면서요?/ㄴ다면서요?, 다면서요?

1) 가: 한국에서는 신문사에 취직하기가 힘들다면서요?
   나: 네, 신문사에 들어가고 싶어 하는 사람들이 많아서 준비를 많이 해야 해요.

2) 가: 강남역 근처는 차가 많이 막힌다면서요?
   나: 네, 퇴근 시간에는 교통이 더 복잡하니까 지하철을 이용하세요.

3) 가: 영호 씨가 ....?
   나: 네, 컴퓨터에 대해서 모르는 것이 없어요.

4) 가: ....?
   나: 네, 특히 요즘은 관광철이니까 예약을 꼭 해야 될 거예요.

2 -는다니까/ㄴ다니까, 다니까

1) 가: 옷을 사려고 하는데 어디에서 사는게 좋을까요?
   나: 이번 주부터 백화점에서 세일을 한다니까 백화점에 가 보세요.

2) 가: 그 회사에 지원서를 내려고 하는데 제일 중요한 게 뭐지요?
   나: 자기소개서를 잘 쓰는 게 중요하다니까 신경써서 준비하세요.

3) 가: 지원 마감이 오늘까지니까 오늘 직접 그 회사에 가야 해요.
   나: .... 컴퓨터로 접수하세요.

4) 가: 무슨 영화를 볼까요?
   나: ....

듣기

I 다음을 듣고 질문에 답하십시오.

1. 이 남자는 어떤 회사에서 일하고 싶어 합니까? (　　　)

❶ 한국에 있는 베트남 회사
❷ 베트남에 있는 한국 회사
❸ 하노이에 있는 베트남 회사
❹ 하노이에 있는 한국 본사

2. 맞으면 O표, 틀리면 X표 하십시오.

1) 이 회사는 식품 회사이다. (　　　)
2) 하노이 지사에는 직원이 세 명 있다. (　　　)
3) 이 회사에서 일하려면 베트남어를 아주 잘 해야 한다. (　　　)

II 다음을 듣고 질문에 답하십시오.

여자가 제출해야 할 것들을 아래에서 골라 ✓표 하십시오.

지원서 (　　)	대학교 성적 증명서 (　　)	국어 시험 성적 (　　)
신청서 (　　)	영어 시험 성적 (　　)	자기 소개서 (　　)
고등학교 졸업 증명서 (　　)		대학교 졸업 논문 (　　)

읽기

I **다음을 읽고 질문에 답하십시오.**

직장인들이라면 누구나 월급을 많이 받고 좋은 환경에서 일하고 싶어 한다. 미국의 한 경제 전문 잡지가 가장 일하기 좋은 100개의 회사를 뽑았다. 그 결과 '인터넷 검색 회사'인 구글이 1위였다. 구글은 무엇보다도 자유로운 근무 환경과 직원 복지 그리고 회사의 장래성에서 높은 평가를 받았다.

구글 직원들은 자유롭고 즐거운 분위기에서 일할 수 있다. 회사 측은 직원들의 건강을 위해 맛좋고 다양한 최고급 음식을 무료로 제공하고 있다. 건물 안에는 각 층에 휴게실이 있어서 직원들은 여러 가지 음료수와 커피, 신선한 과일과 과자를 언제든지 먹을 수 있다. 또한 오락 시설, 스파 시설 등 호텔 같은 편안한 시설을 갖추어 직원들에게 재미와 감동을 준다는 평가를 받고 있다.

구글에서는 직원들의 복지에도 많은 지원을 하고있는데 직원이 아기를 낳으면 첫 4주 동안 식비로 500달러를 지급한다. 사내에서 직원들의 빨래나 드라이 클리닝 서비스는 무료이며, 헬스클럽과 수영장, 유치원 등 없는 것이 없다.

1. 이 기사의 제목을 고르십시오. (　　　)

❶ 미국 회사들의 근무 환경과 장래성
❷ 구글, 직원들을 위한 다양한 시설을 준비
❸ 직원들을 위한 시설에 투자하는 미국 기업들
❹ 경제 전문 잡지가 뽑은 '가장 일하고 싶은 기업'에서 구글이 1위

2. 구글에 대한 설명입니다. 맞으면 O표, 틀리면 X표 하십시오.

1) 오락시설과 스파 시설이 있는 호텔을 무료로 이용할 수 있다. (　　　)
2) 직원이 아기를 낳으면 병원비를 지원한다. (　　　)
3) 건물 내 음식, 간식 등을 무료로 먹을 수 있다. (　　　)

과제와 활동

I 취업상담에서 많이 사용되는 표현들을 배워 봅시다.

관련표현

시작하는 말	• 안녕하세요? 이 회사에 지원해 보고 싶은데 몇 가지 여쭤 • 봐도 괜찮겠습니까? • 안녕하세요? 몇 가지 좀 여쭤보겠습니다. • 이 회사에 관심이 있어서 왔는데요.
회사에 대해서	• ....은/는 어떤 회사입니까? • 이 회사에서 하는 일은 어떤 일입니까?
일/모집 분야에 대해서	• 주로 어떤 일을 합니까?
전공/경력/자격에 대해서	• 저는 ....을/를 전공했는데 지원할 수 있습니까? • 경력이 있어야 합니까? / 어떤 경력이 필요합니까? • 외국어를 어느 정도로 잘 해야 합니까? • 자격증이 필요합니까?
지원 방법/ 전형 방법에 대해서	• 어떻게 지원하면 됩니까? • 준비해야 할 서류는 어떤 것들입니까? • 필기시험이 있습니까? / 필기시험은 무슨 과목을 봅니까? • 면접시험이 있습니까?
끝 인사	• 여러 가지 도움 말씀 주셔서 감사합니다. • 바쁘실 텐데 시간을 내 주셔서 감사드립니다.

Ⅱ 취업 박람회장입니다. 다음 4개 회사 중 하나를 골라 배운 표현을 사용하여 한 사람은 구직자, 또 한 사람은 회사 담당자가 되어 취업 상담을 해 보십시오.

패션 잡지 '여성생활'

- 모집 분야: 잡지 디자인, 광고
- 자격
  - 경영, 어문, 의류, 디자인 전공자
- 전형 방법
  - 서류 지원
  - 면접과 프레젠테이션

'연두' 인터넷 쇼핑몰

- 모집 분야: 웹디자인
- 자격
  - 학력: 대졸이상
- 시험

  1차: 서류 심사

  2차: 면접

대성자동차

- 모집 분야: 자동차 영업
- 자격
  - 학력: 2년제 대졸 이상
  - 경력: 자동차 영업 경력이 있는 분
- 전형 방법
  - 서류 지원(에세이 포함)
  - 면접

성원무역

- 모집 분야: 수출입
- 자격 요건
  - 4년제 대학 이상 졸업한 분
  - 무역 경력이 있는 분
- 전형 방법
  - 1차: 필기시험
  - 2차: 면접

영인식품

- 모집 분야: 해외 영업
- 자격
  - 학력: 4년제 대학 졸업 이상
  - 경력: 영업 경력이 있는 분
- 전형방법
  - 서류 지원
  - 면접

LESSON 2 자기소개서

학습 목표 • **문법** -기는 -지만, -도록 • **어휘** 자기소개서에 쓰이는 어휘 • **과제** 자기소개서 쓰기

1 회사에 지원을 할 때 자기소개서를 씁니다. 무엇에 대해 써야 할까요? 골라서 ✔표 하십시오.

가족 ( )	경력 ( )	겨획 ( )	주소 ( )
지원 이유 ( )	취미 ( )	여행 경험 ( )	결혼 여부 ( )
나이 ( )	학력 ( )	특기 ( )	전공 ( )

2 ✔표한 것 중에서 제일 중요하다고 생각하는 것은 무엇입니까? 왜 그렇게 생각하는지 같이 이야기해 봅시다.

대화

김민수　선배님, 지난번에 드린 자기소개서 읽어 보셨어요?

선배　대체로 쓰기는 잘 썼지만 너만의 개성과 장점을 잘 보여줄 수 있으면 좋겠어.

김민수　자기소개서를 잘 쓰는 게 생각보다 힘든 것 같아요.

선배　요즘 인사 담당자들은 평범한 자기소개서에 별로 좋은 점수를 주지 않으니까 신경을 많이 써야 할 거야.

김민수　어떻게 고치면 좋을까요?

선배　읽는 사람이 관심을 가질 수 있도록 흥미로운 내용이 들어 있는 게 좋겠지. 내가 몇 군데 손을 봤으니까 다시 한 번 써 봐.

본문 어휘

다음 단어를 익히고 관계있는 것끼리 연결하십시오.

대체로	인사 담당자	평범하다	신경 쓰다	손을 보다

1) 대체로	•	•	뛰어나지도 않고 모자라지도 않다
2) 인사 담당자	•	•	사람을 뽑고 평가하는 일을 하는 사람
3) 평범하다	•	•	세심하게 주의를 기울이다
4) 신경 쓰다	•	•	모자라는 점이 없도록 고치거나 살피다
5) 손을 보다	•	•	전체적으로 보아서

관련 어휘

1 다음은 자기소개서와 관련된 단어입니다. (　　　)에 알맞은 단어를 쓰십시오.

성장 환경	성격의 장단점	취미 및 특기 사항	지원 동기 및 포부

1) 저는 컴퓨터를 잘 다루고 간단한 프로그램을 만들 수 있습니다. (　　　　　　　　)

2) 이 회사에 입사하면 이 분야에서 최고의 전문인이 되도록 열심히 노력하겠습니다.
(　　　　　　　　)

3) 저는 전라남도 광주에서 태어나서 교육을 받았고 서울에 있는 대학교에 입학하면서 서울로 이주하게 되었습니다. (　　　　　　　　)

4) 저는 무슨 일이든지 낙관적으로 생각하는 편입니다. (　　　　　　　　)

2 다음을 익히고 (   )에 알맞은 단어를 쓰십시오.

개성	활동성	전문성	가능성	상품성

1) 과일이나 채소는 시간이 지날수록 (   )이/가 떨어진다.

2) 우리 회사가 중국 시장에서 성공할 (   )은/는 얼마나 될까요?

3) 이 바지는 잘 구겨지지 않고 입었을 때 편해서 (   )이/가 아주 좋다.

4) 그 일은 (   )이/가 필요한 일이기 때문에 아무나 할 수 없다.

문법

다음 대화를 완성하십시오.

1 –기는 –지만

1) 가: 한글 타자를 잘 치세요?
   나: 한글 타자를 치기는 치지만 잘은 못 쳐요.

2) 가: 불고기를 좋아하시는데 만들 줄도 아세요?
   나: 먹기는 잘 먹지만 만드는 방법은 몰라요.

3) 가: 영어는 잘 하십니까?
   나: .... 기는 .... 지만 유창하게는 못 합니다.

4) 가: 그 분을 잘 아시니까 그 분께 추천서를 부탁해 보세요.
   나: 그분께요? ....

2 -도록

1) 가: 이 서류를 어떻게 할까요?

나: 중요한 서류니까 잃어버리지 않도록 잘 보관하세요.

2) 가: 내일 회의는 아침 일찍 하기로 했대요.

나: 중요한 회의니까 늦지 않도록 다들 신경써야겠군요.

3) 가: 약속 날짜를 잘 기억하세요.

나: .... 수첩에 적어 놓아야겠어요.

4) 가: 사장님 앞에서 발표를 해야 하는데 무척 긴장이 되는군요.

나: ....

듣기

Ⅰ 다음을 듣고 질문에 답하십시오.

1. 여자는 누구와 인터뷰를 하고 있습니까?

2. 회사에서 중요하게 보는 것은 무엇입니까? 다음 중에서 골라 쓰십시오.

( ), ( ), ( )

적성　경험이나 경력　학력　지원 동기　성격　외국어 능력

3. 맞으면 O표, 틀리면 X표 하십시오.

1) 남자는 입사 지원자들이 필기시험을 잘 보는 방법을 설명하고 있다. ( )

2) 자기소개서를 쓸 때는 인사 담당자의 입장에서 생각해 보는 것이 좋다. ( )

3) 자기소개서를 쓸 때는 자신의 정보를 자세히 그리고 길게 쓰는 것이 좋다. ( )

읽기

I 다음을 읽고 질문에 답하십시오.

ㄱ) ....

저는 서울 불광동에서 2남 1녀 중 막내로 태어났습니다. 부모님이 모두 중학교 교사이셨는데 방학 때마다 가족 여행을 다녔습니다. 부모님은 저희에게 여행 준비를 시키셨고 여행 계획을 세우게 하셨습니다. 여행을 하고 나서는 여행을 통해 배운 것, 느낀 것을 글로 써 보게 하셨습니다. 이런 부모님의 교육 덕분에 자신감을 키울 수 있었고 적극적으로 학교생활을 하게 되었습니다.

ㄴ) ....

제 성격은 활발한 편이고 사람들과 만나는 것을 좋아합니다. 따라서 친구는 물론 선배와 후배가 많고 좋은 관계를 유지하고 있습니다. 또, 아버지가 어릴 때부터 약속을 잘 지키라고 강조하셨기 때문에 한번 한 약속은 꼭 지키는 것이 저의 습관이 되었습니다.

ㄷ) ....

저는 외국어에 자신이 있습니다. 중국어를 전공했고 1년간 중국에서 교환학생으로 공부했기 때문에 자유롭게 중국어를 할 수 있습니다. 대학교 3학년 때는 6개월간 영어를 배우러 미국에 다녀왔습니다. 2006년에는 중국어 능력시험 9급에 응시해서 합격을 했고 토익시험도 평균 900점 이상을 받았습니다.

ㄹ) ....

1년 동안 중국생활을 하면서 중국의 정치, 경제, 사회, 문화에 대해서 알게 되었고, 이러한 경험을 바탕으로 무역회사에서 일하고 싶다는 꿈을 가지게 되었습니다. 한국의 대표적 무역회사인 동성무역에서 일할 수 있는 기회를 가지게 된다면 무역 분야에서 전문가가 될 수 있도록 열심히 일을 하겠습니다. 동성무역을 세계적 무역회사로 발전시키는 데에 공헌하고 싶습니다.

1. ㄱ), ㄴ), ㄷ), ㄹ)에 맞는 단어를 〈보기〉에서 골라 쓰십시오.

〈보기〉 지원 동기 및 포부　성격의 장단점　특기 및 경력 사항　성장 환경

ㄱ) ....　ㄴ) ....

ㄷ) ....　ㄹ) ....

2. 이 사람에 대한 설명으로 맞으면 O표, 틀리면 X표 하십시오.

1) 어렸을 때 여행을 많이 다녔다. (　　　)

2) 1년간 중국에서 유학한 경험이 있다. (　　　)

3) 미국에서 공부하면서 무역에 관심을 가지기 시작했다. (　　　)

과제와 활동

I 다음 중 지원하고 싶은 회사를 골라 ✔ 표하고 자기소개서를 써 보십시오.

유통회사 (　　　)	무역회사 (　　　)	IT회사 (　　　)
금융/증권회사 (　　　)	호텔 (　　　)	기타 ....

자 기 소 개 서	
성장 과정	
성격의 장단점	
특기 사항 및 경력	
지원 동기 및 포부	

MP3

LESSON 3
면접

학습 목표 • **문법** -게 되다, -은 적이 있다 • **어휘** 면접 관련 어휘 • **과제** 면접하기

1 면접을 볼 때 무엇이 중요합니까? 순서를 정해 보십시오.

❶ 지원하는 회사에 대한 정보	❷ 옷차림	❸ 자신감
❹ 예의 바른 태도	❺ 실력	

( ) – ( ) – ( ) – ( ) – ( )

2 그 외에 중요한 것이 있으면 말해 보십시오.

대화

부장 우리 회사의 영업부에 지원하셨는데 특별한 동기가 있습니까?

김민수 대학교 3학년 때 인턴십을 하면서 영업 쪽에 많은 관심을 갖게 되었습니다.

부장 대학에서 학과 공부 외에 어떤 활동을 했습니까?

김민수 장애인을 돕는 봉사 활동을 몇 번 한 적이 있는데 그 일을 하면서 많은 것을 배웠습니다.

부장 영업부에 가지 못하게 되면 어떻게 하시겠습니까?

김민수 여러 가지 업무를 배우고 경험을 쌓는다는 생각으로 무슨 일이든지 열심히 하겠습니다.

본문 어휘

다음을 익히고(　　　　)에 알맞은 단어를 쓰십시오.

영업부	학과	장애인	봉사 활동	업무

1) 대학에는 경영학과, 영문학과, 정치학과, 사회학과 등 여러 가지 (　　　　　　　)이/가 있습니다.
2) 지하철역에는 몸이 불편한 (　　　　　　　)들이 이용할 수 있는 엘리베이터가 있습니다.
3) 우리 회사의 (　　　　　　　) 시간은 오전 9시부터 오후 6시까지 하루 9시간입니다.
4) 이번 방학 때는 고아원이나 양로원에서 (　　　　　　　)을/를 할 계획입니다.
5) (　　　　　　　)에서는 회사에서 만든 물건을 사람들에게 알리고 파는 일을 합니다.

관련 어휘

1 **다음은 여러 가지 과외 활동과 관련된 단어입니다. (　　　　)에 알맞은 단어를 쓰십시오.**

동아리 활동	어학 연수	인턴십

저는 취직하기 위해서 여러 가지 준비한 것이 많습니다. 영어를 배우기 위해 2학년 겨울방학 때 (　　　　　　　)을/를 다녀왔고 대기업에서 3개월간 (　　　　　　　)을/를 했습니다. 저는 학과 공부 외에 사진을 찍는 (　　　　　　　)을/를 했고 특히 몸이 불편한 장애인을 돕는 봉사 활동을 하면서 많은 것을 배웠습니다.

2 다음을 익히고 관계있는 것끼리 연결하십시오.

영업부	인사부　연구 개발부　총무부　홍보부　자금부

1) 인사부 •	• 더 좋은 물건을 만들기 위해서 연구한다.
2) 연구개발부 •	• 직원들을 뽑고 교육하며 직원의 인사와 월급 등을 관리한다.
3) 총무부 •	• 자금에 대한 계획을 세우고 자금을 관리한다.
4) 홍보부 •	• 회사의 건물, 시설, 사무용품, 회사서류 등을 관리한다.
5) 자금부 •	• 회사의 이미지를 관리하며 회사의 이름을 알린다.

문법 다음 대화를 완성하십시오.

1 -게 되다

1) 가: 왜 집을 팔려고 해요?
   나: 미국에 있는 지사에서 일하게 되어서요.

2) 가: 다음 주 수요일 모임에 나올 거예요?
   나: 미안해요. 갑자기 부산으로 출장을 가게 됐어요.

3) 가: 그 사람을 어떻게 알아요?
   나: ....

4) 가: 영수 씨가 왜 회사를 그만둔대요?
   나: ....

2 -은/ㄴ 적이 있다

1) 가: 대학교에 다닐 때 아르바이트를 해 봤어요?
   나: 물건을 파는 아르바이트를 한 적이 있어요.

2) 가: 학교생활 외에 어떤 경험이 있는지 말씀해 주세요.
   나: 무역회사에서 인턴십을 한 적이 있어요.

3) 가: 학교에 다닐 때 동아리 활동을 했어요?
   나: .... 은/ㄴ 적이 있어요.

4) 가: 어떻게 그렇게 영업 업무에 대해서 잘 알아요?
   나: ....

듣기

Ⅰ **다음을 듣고 질문에 답하십시오.**

1. 면접 볼 때 제일 중요한 것은 무엇입니까? (   )

❶ 자신감 ❷ 실력 ❸ 옷 ❹ 외모

2. 맞으면 O표, 틀리면 X표 하십시오.

1) 면접을 볼 때는 단정한 정장차림이 좋다. (   )
2) 질문의 답을 몰라도 자신 있게 대답한다. (   )
3) 여자가 인터뷰를 하고 있는 사람은 인사를 담당하고 있는 부장이다. (   )

읽기

Ⅰ **다음을 읽고 질문에 답하십시오.**

성공 면접으로 가는 길

(ㄱ   )

면접을 보러 가기 전, 자신이 지원한 회사에 대한 정보를 알아두는 것이 중요하다. 회사 홈페이지에 들어가 보거나 그 회사와 관계있는 신문 기사만 읽어도 회사에 대한 많은 것을 알 수 있다. 자신이 지원하는 회사에 대해 잘 모른다면 준비가 안 된 사람으로 보일 수 있다.

(ㄴ   )

예상되는 질문을 정리해 보고 친구들과 서로 역할을 나누어 면접 연습을 해 본다. 평범한 대답보다는 면접관의 기억에 남을 대답을 준비하자. 하지만 너무 많이 연습을 해서 외운 것 같이 보이면 오히려 좋은 점수를 받을 수 없다.

(ㄷ)

면접관들은 아주 작은 부분까지도 당신을 평가하게 될 것이다. 면접장에 들어서는 모습, 예의바른 태도, 목소리, 앉는 자세, 인사하는 법 등이 첫인상을 좌우할 수 있다. 아무리 실력이 있고 대답을 잘 해도 예의가 없다면 좋은 인상을 줄 수 없다.

(ㄹ)

"저의 장점은 책임감과 성실한 태도라고 생각합니다."와 같은 대답으로는 특별한 인상을 주기 힘들다. 자신의 경력에 대해 말하거나 경험을 통해 무엇을 배웠고 어려운 문제를 어떻게 해결했는지 구체적으로 이야기하는 것이 좋다. 자신이 무엇을 할 수 있는 사람인지를 알려야 한다.

1. ㄱ, ㄴ, ㄷ, ㄹ에 들어갈 제목을 다음 〈보기〉에서 골라 써 넣으십시오.

〈보기〉
1. 예의와 태도가 중요하다.
2. 면접연습을 반드시 해 보라.
3. 구체적인 대답을 하라.
4. 지원한 회사에 대해 100% 이해한다.

ㄱ) (　　)　ㄴ) (　　)　ㄷ) (　　)　ㄹ) (　　)

2. 맞으면 O표, 틀리면 X표 하십시오.

1) 어떤 문제가 나와도 대답할 수 있을 정도로 답을 외워 두는 것이 좋다. (　　)

2) 좋은 인상을 주는 것보다 자신의 실력을 보여주는 것이 더 중요하다. (　　)

3) 다른 지원자와 구별되는 자신의 경력이나 경험에 대해 이야기하는 것이 좋다. (　　)

과제와 활동

Ⅰ 면접에 자주 나오는 질문을 알아봅시다.

1. 지원동기	2. 일에 대한 의식
• 우리 회사에 지원하겠다고 생각한 것은 언제부터이며, 특별한 동기가 있었습니까? • 우리 회사에 들어오기 위해서 특별히 노력한 것이 있습니까? • 우리 회사의 물건을 사용해 보신 적이 있습니까? 어땠습니까?	• 우리 회사에서 어느 직위에까지 오를 수 있다고 생각하십니까? • 중요한 일이 있는데 야근을 해야 하면 어떻게 하시겠습니까? • 일에 대해서 상사와 의견이 다를 경우 당신은 어떻게 하시겠습니까?
3. 자신에 대한 소개	**4. 학창시절에 대하여**
• 자신의 장단점에 대해서 말씀해 주십시오. • 살아 오면서 가장 기뻤던 일과 가장 슬펐던 일에 대해 말씀해 주십시오. • 자신에게 있어 가장 소중한 것은 무엇입니까? • 다른 사람들이 당신을 어떻게 평가합니까?	• 본인의 전공은 무엇이며, 그 전공을 선택한 이유는 무엇입니까? • 학창시절 동아리 활동을 한 경험이 있습니까? • 아르바이트를 해본 일이 있습니까?
5. 개인의 인생관	**6. 기타**
• 인생에서 가장 중요한 것이 무엇이라고 생각하십니까? • 존경하는 사람이 있으면 말해보십시오. • 10년 후의 당신의 모습을 그려 보십시오.	• 요즘 신문에 난 기사 중 가장 인상에 남는 것은 무엇이었습니까? • 내일 지구가 사라진다면 당신은 오늘 무슨 일을 하시겠습니까? • 갑자기 천만 원이 생긴다면 뭘 하시겠습니까?

Ⅱ 면접관, 지원자가 되어 위의 질문에 서로 대답해 보십시오.

Ⅲ 회사의 사장이라고 생각하고 다음 빈칸을 채우십시오. 하고 싶은 질문 5개를 위에서 뽑아 보십시오. 그 질문을 선택한 이유도 말해 보십시오.

회사 이름	
업종	
면접 질문	❶ ❷ ❸ ❹ ❺

Ⅳ 지원자들과 면접을 한 후 아래 표에 ✓표하고 각 지원자를 평가하십시오.

(5. 매우 좋음 4. 좋음 3. 보통임 2. 다소 부족함 1. 매우 부족함)

	지원자 1	지원자 2	지원자 3
대답 내용	5 4 3 2 1	5 4 3 2 1	5 4 3 2 1
자신감	5 4 3 2 1	5 4 3 2 1	5 4 3 2 1
태도	5 4 3 2 1	5 4 3 2 1	5 4 3 2 1
기타 ( )	5 4 3 2 1	5 4 3 2 1	5 4 3 2 1
총점			

MP3

LESSON 4
부서와 업무

학습 목표 • **문법** -기 위해서, -지 않으면 안 되다 • **어휘** 부서 및 업무 관련 어휘 • **과제** 각 부서의 업무 이해하기

1 다음 중 어느 부서에서 일한 적이 있습니까? 그 부서에서 주로 하는 일은 무엇이었습니까? 지금 일하고 있는 부서는 어느 부서입니까?

인사부　영업부　총무부　홍보부　자금부

2 일하고 싶은 부서가 있습니까? 왜 그 부서에서 일하고 싶은지 이야기해 봅시다.

대화

부장　홍보부에 오신 것을 환영합니다. 같이 일하게 되어서 반갑습니다.

이진호　처음이라서 잘 모르는 것이 많으니까 많이 가르쳐 주십시오.

부장　홍보부에서는 어떤 일을 하는지 알고 계시겠지요?

이진호　회사의 이미지를 관리하고 제품을 알리기 위해서 여러 가지 일을 하는 곳으로 알고 있습니다.

부장　우리 홍보부는 다른 어떤 부서보다도 중요한 부서니까 열심히 하지 않으면 안됩니다.

이진호　네, 최선을 다하겠습니다.

본문 어휘

다음을 익히고 (　　　)에 알맞은 단어를 쓰십시오.

환영하다	제품	알리다	부서	최선을 다하다

1) 그 회사 (　　　　　)은/는 질도 좋고 값도 싸서 많이 팔립니다.

2) 무슨 일에든지 (　　　　　) 사람이 보기 좋습니다.

3) 오늘 6시에 회사 근처 한식집에서 신입사원을 (　　　　　) 모임이 있습니다.

4) 제 전공이 컴퓨터공학이니까 컴퓨터 관련 (　　　　　)에서 일하면 좋겠습니다.

5) 회사에서는 이메일로 회사 소식을 (　　　　　) 경우가 많습니다.

관련 어휘

1 **다음은 업무와 관련된 단어입니다. (　　　)에 알맞은 단어를 쓰십시오.**

자금 관리	제품 개발	고객 관리	기획

회사에는 여러 가지 업무가 있습니다. 회사 사업에 대한 여러 가지 계획을 세우는 (　　　　　) 업무, 새로운 제품을 만드는 (　　　　　) 업무, 각 부서에서 사업내용에 따라 필요한 돈을 계획하고 사용하는 (　　　　　) 업무, 그리고 고객의 서비스를 담당하는 (　　　　　) 업무가 있습니다.

2 다음을 익히고 (   )에 알맞은 단어를 쓰십시오.

최선	최고	최저	최대	최소	최하

1) 그 단체 여행은 (   ) 10명 이상이 예약을 해야 출발합니다.

2) 준비해야 할 것이 많으니까 참석여부를 (   )한 빨리 알려주시면 감사하겠습니다.

3) 연세백화점에서는 이번 주말까지 여성 의류를 (   ) 가격에 판다고 한다.

4) 그 스포츠 자동차의 (   ) 속도는 시속 392km이다.

5) 우리 학교 농구팀은 연습이 부족해서 이번 대회 성적이 (   )위였다.

문법

다음 대화를 완성하십시오.

1 -기 위해서

1) 가: 요즘 기획부 직원들이 출장을 많이 가는군요.
   나: 새로운 사업에 대한 아이디어를 얻기 위해서 외국 기업들을 방문한다고 해요.

2) 가: 어느 부서에서 일하세요?
   나: 지금은 회사 일을 배우기 위해서 여러 부서에서 훈련을 받고 있습니다.

3) 가: 회사생활에서 제일 중요한 것이 무엇입니까?
   나: ....기 위해서는 인간관계가 제일 중요하다고 생각합니다.

4) 가: 왜 한국에 오셨어요?
   나: ....

2 –지 않으면 안 되다

1) 가: 광고 비용이 너무 많은 것 아닙니까?
   나: 신상품이기 때문에 광고에 신경을 쓰지 않으면 안 됩니다.

2) 가: 복장은 어떻게 해야 합니까?
   나: 영업부 남자 직원들은 넥타이를 매지 않으면 안 됩니다.

3) 가: 이 보고서를 언제까지 내야 합니까?
   나: ....지 않으면 안 돼요.

4) 가: 몇 시까지 출근해야 합니까?
   나: ....

듣기

I 다음을 듣고 〈보기〉에서 알맞은 것을 골라 표의 빈 칸을 채우십시오.

〈보기〉
회사: 전자 회사　제약 회사　식품 회사　화장품 회사　건설 회사
부서: 영업부　홍보부　인사부　연구개발부　총무부　자금부

이름	회사	부서
이미연		
박철수		
김정현		
서영호		

읽기

I 다음을 읽고 질문에 답하십시오.

지금 내가 하는 일에 만족할 수 없다면 자신의 성격과 업무가 맞지 않기 때문일 수도 있다. 따라서 자신의 성격을 잘 이해하고 성격에 맞는 부서와 업무를 선택해야 한다. 인사부에서도 직원의 성격을 이해하고 적절한 부서에 배치해야 직원들의 업무 만족도를 높일 수 있다.

활동하는 것을 별로 좋아하지 않고 자신의 지식을 이용해서 혼자 일하기 좋아하는 사람이라면 많은 사람과 어울려야 하는 영업부서나 마케팅부서에서 능력을 발휘하기가 어렵다. 연구개발부나 총무부, 인사부에서 일한다면 자신의 지적 능력을 활용할 수 있다.

다른 사람에게 인정받고 싶어하고 창조적인 일을 하고 싶어 하는 사람은 조용한 환경보다는 활동적인 곳이 좋다. 이런 사람들은 혼자서 일해야 하는 환경을 무척 답답해한다. 아이디어가 필요한 홍보부나 마케팅부서에서 능력을 발휘할 수 있다.

머리로 하는 일보다 몸을 움직여 가며 일하는 것을 좋아하는 사람은 다른 사람들이 하지 못하는 일을 하고 싶어한다. 가만히 앉아서 많은 시간을 보내야 하는 곳보다는 직접 발로 뛰고 결과를 확인할 수 있는 부서가 좋다. 따라서 기획, 연구부서보다는 영업, 현장 관리 등의 업무가 적합하다.

1. 윗글의 제목으로 적당한 것은 무엇입니까? (   )

❶ 성격과 업무 ❷ 회사 부서의 성격

❸ 성격과 성공 ❹ 업무와 부서

2. 윗글에 따르면 다음 성격에 맞는 부서(업무)는 무엇입니까? 서로 연결해 보십시오.

1) 지적이며 조용한 성격 •		• 영업부, 현장관리업무
2) 창조적인 성격 •		• 홍보부, 마케팅부서
3) 활동적인 성격 •		• 연구개발부, 총무부, 인사부

3. 여러분은 어떤 부서나 어떤 업무에 맞는다고 생각합니까? 말해 봅시다.

1 인력관리팀을 짜서 다음 신입사원을 보고 〈보기 1〉의 어느 부서에 배치하면 좋을지 결정해 봅시다.

이름	전공	취미	성격
이수정	경영학과	운동	• 밝고 명랑하고 친절해서 누구하고도 금방 친해질 수 있다. • 적극적이며 사람들 앞에서 말하는 것을 좋아 한다.
최진희	심리학과	독서	• 책을 많이 읽어 생각이 깊고 아는 것이 많다. • 친구가 많고 사람 보는 눈이 있다.
김현우	수학	영화감상	• 꼼꼼하며 치밀한 성격이다. • 모든 일을 할 때 계획을 잘 세우며 계산이 빠르고 정확하다.
정성호	사회학	컴퓨터 게임	• 한 번 일을 시작하면 끝까지 포기하지 않는다. • 책임감이 강하고 성실하며 한 번에 여러 가지 일을 할 수 있다.
윤지혜	국어국문학과	사진 찍기	• 창의적이고 모험을 좋아한다. • 보통 사람들과 다른 생각을 많이 하고 상상력이 풍부한 편이다.

〈보기〉 영업부 총무부 인사부 홍보부 자금부

Ⅱ 결정된 사항을 다음 표에 써 넣고 그 사람을 선택한 이유를 말해봅시다.

인력 배치 결과

부서	이름	이유	해야 할 일
영업부			
총무부			
인사부			
홍보부			
자금부			

Ⅲ 팀별로 인사 결과를 비교해 봅시다.

MP3

LESSON 5
명함

학습 목표 • **문법** -기는요, 으로 봐서는 • **어휘** 명함 관련 어휘 • **과제** 명함 교환하고 인사하기

1 여러분의 명함에 어떤 정보들이 있습니까? ✔표 하십시오.

이름 ( )	집 전화번호 ( )	핸드폰 번호 ( )	회사 로고 ( )
회사이름 ( )	부서 이름 ( )	이메일 주소 ( )	출신학 ( )
회사 전화번호 ( )	회사 주소 ( )	사진 ( )	경력 ( )

2 다른 사람들의 명함을 잘 관리하는 편입니까? 잘 관리하지 않는 편입니까? 왜 그렇습니까?

대화

최진영 오시느라고 수고하셨습니다. 총무과 최진영입니다. 이쪽으로 앉으세요.

이명섭 제 명함입니다. 원우 인테리어의 이명섭이라고 합니다.

최진영 원우 인테리어가 이번에 큰 공사를 성공적으로 끝내셨다면서요? 정말 대단하십니다.

이명섭 대단하기는요. 이 업계는 경쟁이 치열해서 항상 마음을 놓을 수가 없습니다.

최진영 그렇군요. 그런데 공사기간은 어느 정도 걸릴까요?

이명섭 건물 규모로 봐서 적어도 3개월 정도는 잡아야 할 것 같은데요.

본문 어휘

다음을 익히고 (   )에 알맞은 단어를 쓰십시오.

명함	대단하다	업계	경쟁	치열하다	마음을 놓다

1) 사회생활을 하는 사람들은 처음 만나면 보통 (   )을/를 교환한다.

2) 아이의 학교 근처에 자동차가 많이 다녀서 (   ) 수가 없다.

3) 요즘 식품 (   )에서는 맛뿐만 아니라 건강도 생각하여 제품을 만들고 있다.

4) 그렇게 어린 나이에 대학교에 입학한 것을 보면 정말 (   ).

5) 회사마다 새로운 제품을 개발해서 (   )이/가 점점 (   )고 있다.

관련 어휘

1 다음은 직함과 관련된 단어입니다. (   )에 알맞은 단어를 쓰십시오.

원장	대표이사	전문의	연구원	팀장

1) 최영수 씨는 중소기업의 사장님입니다. (   )

2) 박민영 씨는 문구 회사의 제품 개발팀에서 가장 높은 사람입니다. (   )

3) 이종인 씨는 아동 상담 심리 연구소에서 일하고 있습니다. (   )

4) 김은영 씨는 유치원을 경영하고 있습니다. (   )

5) 윤정호 씨는 대학 병원에서 일하고 있는 의사입니다. (   )

2 다음을 익히고 (　　　)에 알맞은 단어를 쓰십시오.

경쟁	경쟁력	경쟁자	경쟁사	경쟁률

1) (　　　　　　　)에서 우리 회사보다 먼저 신기술을 개발했다고 한다.

2) (　　　　　　　)을/를 높이기 위해서 가격을 조금 내리고 애프터 서비스를 개선했다.

3) 그 선수가 금메달을 따려면 (　　　　　　　)들보다 더 열심히 훈련해야 한다.

4) 그 회사는 (　　　　　　　)이/가 높아서 입사하기가 여간 어려운 게 아니다.

문법

다음 대화를 완성하십시오.

1 -기는요

1) 가: 한국말 발음이 정말 좋으시네요.
   나: 좋기는요. 아직 연습이 많이 필요해요.

2) 가: 이제 회사생활에 익숙해지셨지요?
   나: 익숙해지기는요. 아직도 모르는 것이 많아요.

3) 가: 영어를 참 잘하시네요.
   나: ....기는요. 그냥 일상적인 대화를 하는 정도예요.

4) 가: 그 일을 모두 끝냈나요?
   나: ....

2 으로/로 봐서는

1) 가: 이번에 누가 부장으로 승진할 것 같아요?

나: 실력으로 봐서는 윤 과장님이 유력하지 않아요?

2) 가: 어떤 사업을 시작하면 좋을까요?

나: 요즘 추세로 봐서는 건강에 좋은 음식을 파는 식당이 좋은 것 같아요.

3) 가: 이 노트북 컴퓨터 중에서 어느 걸 사면 좋을까?

나: .... 이 회사 제품이 좋을 것 같아.

4) 가: 올해에는 누가 가수왕이 될까요?

나: ....

듣기

I 다음을 듣고 질문에 답하십시오.

1. 여자의 명함을 고르십시오. (　　　　　)

❶

신영화장품

부장 박기영

서울시 서초구 반포 3동
02-592-0000

❷

수

플로리스트
김수연

서울시 강남구 압구정동 XX
전화: 02) 572-0000

❸

화원 수

이원영

서울시 중구 태평로 000
스카이 빌딩 지하 1층
02-3706-0000

❹

수연향수

김수연
향수전문가

서울시 서대문구 신촌동 000
02-2154-0000

2. 맞으면 O표, 틀리면 X표 하십시오.

1) 두 사람은 전에 만난 일이 없다. (　　　)

2) 여자는 홍보실에서 일하고 있다. (　　　)

3) 외국 손님들은 향수를 팔려고 오는 것 같다. (　　　)

읽기

I 다음을 읽고 질문에 답하십시오.

사람들은 사회생활을 시작하면서 수없이 많은 명함을 주고받는다. 사회에서 스쳐 지나가는 수많은 사람들은 한 장의 명함으로 남는다. ㄱ) **명함이 그 사람의 얼굴이 되는 것이다.** 그런데 명함은 어떤 사람에게는 작은 종이 조각일 뿐이지만 어떤 사람에게는 중요한 자산이 된다. 명함을 잘 관리하는 사람은 사람을 잘 관리하는 사람이고 사람을 잘 관리하면 사회생활을 성공적으로 이끌어 나갈 가능성이 높기 때문이다.

사회생활에서는 사람들과의 교류가 중요하다. 물론 실력을 쌓는 것이 먼저이다. 그러나 그러한 자신을 남에게 잘 '알리는'일도 중요하다. 나를 알리는 방법 중의 하나가 명함인데 명함은 다른 사람들의 기억에 남도록 만들어야 한다. 남과 다른 디자인도 한 방법이고 명함에 자신의 사진을 집어 넣는 것도 좋다.

또한 다른 사람한테서 명함을 받았을 때 그 사람에 대한 정보를 기록해 놓으면 그 사람을 기억하기가 쉽다. 외모, 취향, 종교, 무엇이라도 좋다. 고객의 명함이라면 취미, 가족에 대해 적어 놓고 나중에 고객의 취미에 대해 묻거나 가족의 안부를 묻는다면 영업에도 크게 도움이 된다. 서랍 속에 잔뜩 쌓인 명함은 그 명함 주인이 누구인지 모른다면 아무 소용없는 물건이 될 뿐이다.

1. 이 글은 무엇에 대한 글입니까? (　　　)

❶ 명함 관리　　❷ 명함 교환　　❸ 명함 수집　　❹ 명함 제작

2. ㄱ)과 같이 말하는 이유는 무엇입니까?

3. 맞으면 O, 틀리면 X표 하십시오.

1) 사회생활에서는 자신을 남에게 잘 알리는 것이 가장 중요하다. (　　　)

2) 특이한 명함은 사람들에게 거부감을 주므로 피해야 한다. (　　　)

3) 명함을 잘 관리하면 영업에 도움이 된다. (　　　)

과제와 활동

Ⅰ 아래의 명함에서 2개를 골라 〈보기 1〉과 같이 말해 봅시다.

〈보기 1〉

이 분의 이름은 한영규입니다.
이 분은 연세컴퓨터에서 근무하고 있고, 직위는 사원입니다.
회사는 서대문구 신촌동에 있고 회사 전화번호는 02-789-4567입니다.
이 분의 휴대폰 번호는 010-1234-0987이고 이메일 주소는 hyg@ysc.com입니다.

Ⅱ 아래의 명함이나 자신의 명함을 가지고 옆 사람과 명함을 교환하면서 〈보기 2〉와 같이 이야기를 해 봅시다.

〈보기 2〉

인사하고 이름 말하기	한영규: 처음 뵙겠습니다. 한영규라고 합니다. 최도옥: 반갑습니다. 최도옥입니다.
명함 교환하기	한영규: 제 명함입니다. 최도옥: 감사합니다. 여기 제 명함도 한 장 받으시지요.
회사와 업무에 대해 기본적인 질문, 대답하기 (회사 종류, 위치, 직위 등)	한영규: OO에서 무슨 업무를 하시나요? 최도옥: 네, 컨설팅 업무를 맡고 있습니다. 어떤 업무를 맡고 계십니까? 한영규: 저는 개발 담당입니다.
회사와 업무에 대해 기타 사항 질문, 대답하기 (기타 회사 정보)	한영규: OO는 컨설턴트가 몇 명쯤이나 됩니까? 최도옥: 60명 정도 있습니다. 한영규: 큰 회사군요. 최도옥: 컨설팅 회사 중에서는 큰 편입니다.
인사하기	한영규: 오늘 만나 뵙게 되어서 반가웠습니다. 최도옥: 저도 반가웠습니다. 나중에 기회가 되면 술자리 한 번 같이 하시지요.

YS computer (주)연세컴퓨터
http://www.yscomputer

개발사업부
한 영 규

서울시 서대문구 신촌동 397-123
Tel: 02-789-4567
Mobile : 010-1234-5678
E-mail : ys@ysc.com

YONSEL SDI

최 도 옥 부장/Ph.D

인천시 계양구 계산동 789-012
Tel : (032)321-0987 Mobile : 010-123-4587
E-mail : conck@ysdi.com

연세대학교
경영학과 전임교수

박 수 영

120-749 서울시 서대문구 성산로 262번지
Mobile : 010-1234-5678
E-mail : korean@yonsei.ac.kr

주식회사 한연

상무이사/국제영업본부장
윤 홍 범

본사 : 서울특별시 서초구 서초동 456-789
전화 : (02) 3456-7890
팩스 : (02) 3456-1234

Yon
Sei
Graphic

대표이사
유 준

서울시 서대문구 신촌동 연세빌딩 4층
대표전화 : 02-345-5789
팩시밀리 : 02-987-5343
휴대폰 : 010-5678-91234
E-mail : youjun@YSG.com

아취공예사
한국전통디자인전문제작협회

영업부과장 김 종 수

본사 : 서울시 종로구 인사동 123-456
H.P. 010-7890-1234
E-mail : artche@insadong.com

YONSEI
BANK

김 희 연
카드사업부

120-749 서울시 서대문구 신촌동 134번지
Tel : 1234-5678
Fax : 2345-6789
khy@yonseibank.com

YS
연세공업사

공장장
황 대 철

부산시 해운대구 중2동 123-567
전화 : 051-567-8901
FAX : 051-567-1234
H.P.010-210-9876

MP3

LESSON 6
회의

학습 목표 • **문법** -어 놓다, -는다고 보다 • **어휘** 회의에 쓰이는 어휘 • **과제** 회의하기

1 회의할 때 가장 중요한 것은 무엇입니까? 세 개를 골라 ✔표 하십시오.

시간을 잘 지킨다	( )	말투에 신경을 쓴다	( )
주제에 집중한다	( )	다른 사람의 말을 잘 듣는다	( )
주제에 대해서 잘 알고 있다	( )	자료를 잘 준비한다	( )

2 한국의 회의 분위기와 여러분 나라의 회의 분위기는 어떻게 다릅니까? 같이 이야기해 봅시다.

대화

김 과장 유럽 지역 시장에 대한 회의를 시작하겠습니다.
부장 김 과장, 시장 조사는 어떻게 되었습니까?
김 과장 작년과 올해의 판매 실적을 분석해 놓았습니다. 여기 표를 보시지요.
부장 생각보다 실적이 좋지 않군요. 원인이 뭐라고 생각합니까?
김 과장 라면의 매운 맛이 현지인의 입맛에 맞지 않았기 때문이라고 봅니다.
부장 그럼 그 문제를 어떻게 해결할지 다 같이 이야기해 봅시다.

본문 어휘

다음을 익히고 (   )에 알맞은 단어를 쓰십시오.

조사	판매	실적	분석	현지인

1) 외국어를 빨리 배우려면 그 나라에 가서 (   )과/와 함께 생활해야 합니다.

2) 박철수 씨는 이번 달에 자동차를 많이 팔아서 (   )이/가 우수한 사원으로 뽑혔다.

3) 경찰은 남자를 살해한 범인을 찾기 위해 그 남자와 관계가 있는 사람들을 (   )하고 있다.

4) 시장이나 백화점 뿐 아니라 길거리나 지하철에서도 물건을 (   )하는 사람들을 볼 수 있다.

5) 자료를 (   )해 본 결과 소비자들은 디자인에 점점 더 많은 관심을 가지는 것 같습니다.

관련 어휘

1 다음은 회의와 관련된 단어입니다. (   )에 알맞은 단어를 쓰십시오.

동의	찬성	반대	의견	제안

가: 오늘 회의의 안건은 해외 시장에 관한 것입니다.

나: 회의를 시작하기 전에 한 가지 (   )하고 싶은 것이 있는데요. 먼저 해외 영업 경력이 많은 박 과장님의 (   )을/를 들어 보면 어떨까요?

다: (   )합니다. 박 과장님은 해외 영업 경험이 많으니까 해외 시장에 대해 많이 아실 것 같습니다.

가: 좋습니다. 그럼 특별히 (   )하는 분 없으시면 박 과장님 말씀을 먼저 들어 볼까요?

라: 먼저 베트남이나 대만의 시장을 개발하는 것이 좋다고 봅니다. 베트남이나 대만에서의 한류 붐은 우리가 생각하는 것 이상입니다.

나: 저도 (   )합니다. 최근 급성장하고 있는 동남아 시장에 눈을 돌려야 한다고 생각합니다.

2 다음을 익히고 관계있는 것끼리 연결하십시오.

현지인	연예인 직장인 중개인 상인

1) 연예인	•	• 회사에 다니는 사람
2) 직장인	•	• 가수, 배우, 탤런트 등
3) 중개인	•	• 장사를 하는 사람
4) 상인	•	• 중간에서 매매를 도와주고 수수료를 받는 사람

문법 다음 대화를 완성하십시오.

1 -어/아/여 놓다

1) 가: 관련 자료는 모두 복사했습니까?

나: 걱정하지 마십시오. 다 복사해 놓았습니다.

2) 가: 보고서는 어디에 있습니까?

나: 부장님 책상 위에 올려 놓았습니다.

3) 가: 출장 가시려면 비행기 표도 사야하고 호텔도 예약해야 하지 않나요?

나: ....

4) 가: 사무실 컴퓨터가 고장났다고 들었는데 어떻게 됐습니까?

나: ....

2 -는다고/ㄴ다고, 다고 보다

1) 가: 새로운 사업이 성공할 수 있을까요?

나: 네, 전혀 문제 될 것이 없다고 봅니다.

2) 가: 요즘 우리 식당에 오시는 손님들이 줄고 있는데 어떻게 해야 할까요?

나: 손님들의 입맛에 맞는 새로운 메뉴를 개발해야 한다고 봅니다.

3) 가: 유럽에 지사를 설립하는 게 어떨까요?

나: ....

4) 가: 요즘에 제품이 잘 팔리지 않는데 무엇이 문제입니까?

나: ....

듣기

I **다음을 듣고 질문에 답하십시오.**

1. 무엇에 대한 회의인지 〈보기〉에서 골라 번호를 쓰십시오.

대화 1 (　　　　) 대화 2 (　　　　) 대화 3 (　　　　)

〈보기〉 ❶ 새로운 상품을 만드는 아이디어 회의
❷ 상품 광고에 대한 회의
❸ 회사 건물 이전에 대한 회의
❹ 서비스 센터를 늘리는 문제에 대한 회의

2. 맞으면 O표, 틀리면 X표 하십시오.

1) 대화 1: 야구 선수가 모델이 될 것이다. (　　)

2) 대화 2: 지금 회사는 시내에 있다. (　　)

3) 대화 3: 서비스 센터에 대한 소비자의 불만이 크다. (　　)

읽기

I 다음을 읽고 질문에 답하십시오.

회사에서는 업무와 관련해서 계속 크고 작은 결정들을 해야 한다. 이를 위해 직장인들은 수많은 회의를 한다. 회의는 회사 업무의 중요한 부분이다.

ㄱ) .... 는 말이 있는 것처럼 회의를 잘 하는 회사가 결국 기업활동에서도 뛰어난 성과를 보이는 경우가 많다.

회의를 하기 전에는 회의를 미리 알리고, 참가자를 결정하고, 회의 자료를 미리 나누어 주는 것이 좋다. 또한 회의의 각 주제마다 어느 정도의 시간을 쓸 것인지 분명히 정해 두어야 한다.

회의를 하는 동안에 회의에 참석한 사람들은 적극적이고 자유로운 태도를 가지는 것이 좋다. 윗사람의 이야기를 아랫사람이 듣기만 하는 회의가 아니라 모두 같은 입장에서 자신의 의견을 말할 수 있어야 한다. 상대방의 의견을 잘 듣고 좋은 의견이 나오면 칭찬을 하는 것이 좋다. 중요한 것은 방향을 잃지 말아야 한다는 것이다. 회의의 분위기가 활발해지는 것은 좋으나 다른 화제로 옮겨지지 않도록 주의해야 한다. 참가자 모두가 성공적인 하나의 결과를 내는 데에 집중해야 한다.

회의의 마무리도 중요하다. 결정된 내용을 요약하고 반드시 회의록을 쓴다. 또한 그 날의 회의에 대해 평가하는 것도 중요하다. 결정된 것은 꼭 실행하도록 해야 하며 실행이 잘 되지 않을 경우 문제점을 찾아 다음 회의에서 다루어야 한다.

1. ㄱ) .... 에 가장 알맞은 말은 무엇입니까? (　　　)

❶ 회의 시간이 길면 기업이 성공한다.

❷ 성공적인 기업은 많은 회의를 한다.

❸ 업무의 시작은 회의로 시작해야 한다.

❹ 성공적인 회의가 성공적인 기업을 만든다.

2. 회의 참석자의 태도로 **틀린** 것은 무엇입니까? (　　　)

❶ 다른 사람의 의견을 잘 듣는다.

❷ 말할 기회를 윗사람에게 양보해야 한다.

❸ 자유롭고 활발하게 회의에 참여한다.

❹ 화제가 다른 방향으로 흐르지 않도록 한다.

3. 맞으면 O표, 틀리면 X표 하십시오.

1) 회의에서는 다양한 이야기가 나오는 것이 좋으므로 남들보다 많이 얘기하도록 노력한다. (　　　)

2) 성공적인 회의를 위해서는 회의록을 잘 쓰는 것이 중요하다. (　　　)

3) 윗사람이 말할 때에는 반대 의견이 있어도 참아야 한다. (　　　)

과제와 활동

Ⅰ **회의에서 자주 사용되는 표현들을 익힙시다.**

관련표현

(1) 회의 주제 알리기

- 오늘은 –에 대해 회의를 하고자 합니다.
- 오늘 회의는 –에 대한 것입니다.

(2) 의견 말하기

- –다고 봅니다
- –다고 생각합니다.
- –는 것 같습니다
- 제 생각에는
- 제가 보기에는

(3) 의견 물어보기

- –에 대한 의견(생각)을 말씀해 주십시오.
- –(님) 생각은 어떠십니까?
- –(님)은 ~에 대해서 어떻게 생각하십니까?

(4) 상대방 의견에 반대하기

- 제 생각은 조금 다릅니다.
- –지 않습니까?
- –는 거 아닙니까?
- –지 않을까요?
- –이/가 아닐까요?

Ⅱ 위의 표현들을 이용하여 밑줄 친 부분을 〈보기〉와 같이 고쳐 보십시오.

> 사회자: 오늘 회의는 커피 전문점 사업 진출에 대한 것입니다.
> 자, 각자 〈보기〉 커피 전문점 사업 진출에 대해 말하십시오.
> **커피 전문점 사업 진출에 대한 의견을 말씀해 주십시오.**

가: 이 계획은 조금 더 조사를 해 보고 잘 생각해서 결정을 해야 합니다.

나: 아닙니다. 빠를수록 좋습니다. 커피 전문점 시장은 점점 커질 겁니다.

가: 그렇게 생각하십니까? 이미 커피 전문점은 많이 있잖아요.

나: 명동이나 강남 같은 곳 이야기입니다. 사무실이 모여 있어도 커피 전문점이 없는 지역이 많으니까 가능성이 있잖아요.

Ⅲ 두 사람 이상이 팀을 만들어 하나의 회사를 고르십시오. 다음 회의 주제 1, 2, 3 중에서 하나를 골라 찬성과 반대 입장을 정하여 〈보기〉과 같이 자유롭게 회의를 해 보십시오.

신용카드 회사	
회의 안건	회사가 어려워지고 있는데 회사의 경쟁력을 키우기 위해 직원들을 해고할 것인가?
찬성 의견	• 월급으로 나가는 비용을 줄일 수 있다. • 다른 회사들도 직원을 줄이고 있다.
반대 의견	• 직원을 줄이는 것은 무책임한 일이다. • 직원의 월급을 줄이는 대신 다른 비용을 줄이는 방법도 있다.

〈보기〉

사회 오늘 회의에서는 회사의 경쟁력을 키우는 방안에 대해 말씀을 나눠 보고자 합니다. 의견 있으신 분들은 말씀해 주십시오.

이사 1 요즘 회사가 많이 어려워졌습니다. 이제 뭔가 확실한 해결책을 찾지 않으면 안 됩니다. 제 의견은 인원을 줄이자는 겁니다.

이사 2 지금까지 우리 회사는 직원을 줄인 적이 없습니다. 다른 회사에서 직원들을 줄이고 있다고 우리 회사도 그런 방법을 써야 할까요? 다른 방법을 찾아야 한다고 봅니다.

이사 3 그럼 다른 방법이 있을까요? 지금 우리 회사에서 가장 비용이 많이 나가는 부분이 월급입니다. 그냥 회사를 그만두라고 하는 것이 아니라 퇴직금과 1년 동안의 월급을 준다면 퇴직을 원하는 사람도 있지 않을까요?

이사 2 그렇다고 해도 정년까지 일하고 싶어 하는 사람이 대부분일 겁니다. 요즘은 회사를 나가면 다른 곳에 취직하기도 어렵지 않습니까? 그리고 신청하는 사람이 없으면 어떻게 하지요?

이사 1 그럼 회사에서 나갈 사람을 결정해야겠지요.

이사 2 그렇게 하는 것보다는 다른 방법을 찾아보는 게 좋지 않을까요? 회사 사정이 좋아질 때까지 보너스를 줄인다거나, 광고 비용 등 기타 비용을 줄이는 방법을 생각해 보는 것이 좋을 것 같습니다.

이사 3 그럼 일단 다른 비용을 줄이는 쪽으로 방향을 잡고 구체적인 방법에 대해 이야기해 봅시다.

〈회의 주제 1〉

여성 의류 판매 회사	
회의 주제	남성 의류와 아동 의류 사업도 시작할 것인가?
찬성 의견	• 여성 의류 회사로 유명하니까 남성 의류와 아동 의류도 잘 팔릴 것이다. • 남성과 아동의 의류시장이 커지고 있다. • 부모들은 자신의 옷보다 아이들의 옷에 더 신경을 쓴다.
반대 의견	• 남성과 아동의 의류 시장이 커지고 있지만 경쟁이 심하다. • 남성 의류, 아동 의류로 이미 유명해진 회사들이 많다.

〈회의 주제 2〉

컴퓨터 회사	
회의 주제	회사 건물을 옮길 것인가?
찬성 의견	• 지금 건물이 너무 좁고 어두워 일하기가 불편하다. • 회사의 공간이 부족해져서 더 넓은 건물이 필요하다.
반대 의견	• 주위에 컴퓨터 회사와 거래처가 많은데 이사를 가면 거래처가 멀어지고 일하기가 불편해진다. • 주위에 컴퓨터 회사가 많기 때문에 정보 교환이 쉽다.

〈회의 주제 3〉

자동차 회사	
회의 주제	외국 유명 자동차 회사와 손을 잡을 것인가?
찬성 의견	• 외국 자동차에 대한 세금이 낮아져서 외국 자동차를 사는 사람들이 많아 지고 있다. • 사람들의 취향이 다양해지고 있기 때문에 다양한 모델을 개발해야 한다
반대 의견	• 이미 자동차 시장에서 자리를 잡았으므로 외국 자동차 회사와 손을 잡을 필요가 없다. • 외국회사에 돈을 지불하므로 국가적으로 손해이다.

비즈니스 Tip

회사에서는 이름을 어떻게 불러야 할까요?

회사에서 동료나 부하 직원을 부를 때 직함이 없으면 보통 '김영수 씨'처럼 성과 이름에 '씨'를 붙이거나, '영수 씨'처럼 이름에 '씨'를 붙여 부릅니다. 그러나 '박 씨', '김 씨'와 같이 성에 '씨'를 붙여 부르는 것은 실례입니다.

직함이 없어도 선배나 나이가 많은 동료 직원을 '김영수 씨'라고 부르기는 어렵습니다. 이 경우에는 '님'을 붙여 '선배님'이라고 하거나 성이나 이름을 붙여 '김 선배님', '김영수 선배님'이라고 부르는 것이 좋습니다.

과장이 과장을, 또는 부장이 부장을 부를 때는 나이가 같거나 어리다면 '김 과장', '박 부장'이라고 부르거나, '박민호 씨'로 부릅니다. 그러나 상대방이 나이가 많을 경우에는 '님'을 붙여 '김 과장님', '박 부장님'이라고 부릅니다.

하지만 상사에 대한 존칭은 부를 때만 쓰고 '사장실'을 '사장님실'이라고 하거나 문서에 '사장 지시'를 '사장님 지시'라고 쓰지는 않습니다.

BUSINESS KOREAN

MP3

LESSON 7 프레젠테이션

학습 목표 • **문법** -느라고 -었는데, -게 마련이다 • **어휘** 프레젠테이션 관련 어휘 • **과제** 프레젠테이션하기

1 프레젠테이션할 때 무엇이 중요합니까? 순서를 정해 보십시오.

❶ 내용 ❷ 말솜씨 (억양, 말투) ❸ 시간 지키기 ❹ 자신감
❺ 자료 (파워 포인트, 비디오, 슬라이드, 사진 등) ❻ 연습 ❼ 유머

( ) – ( ) – ( ) – ( ) – ( ) –( ) – ( )

2 왜 그렇게 생각하는지 이야기해 봅시다.

대화

과장 프레젠테이션 준비는 잘 되고 있습니까?

이진호 준비하느라고 했는데 긴장돼서 잘 할 수 있을지 모르겠어요. 아직 본론 부분에서 사용할 자료도 부족하고요.

과장 누구나 처음에는 긴장하게 마련이지요. 좋은 경험이라고 생각하고 열심히 해 보세요.

이진호 힘들지만 프레젠테이션 준비를 하면서 많은 것을 배우게 되는 것 같습니다.

과장 프레젠테이션에서 제일 중요한 것은 발표 내용을 청중에게 효과적으로 전달하는 것이니까 연습을 많이 하는 게 좋아요.

이진호 정해진 시간 안에 발표를 해야 하고 몸짓에도 신경을 써야 하니까 더 힘든 것 같아요.

본문 어휘

다음 단어를 익히고 관계있는 것끼리 연결하십시오.

청중	효과적이다	전달하다	발표	몸짓

1) 김 과장은 오늘 회의에서 신제품에 대해 (　　　　　　)을/를 할 계획이다.
2) 말이 통하지 않을 때는 표정과 (　　　　　　)으로/로 의사소통을 하기도 한다.
3) 대통령의 연설을 듣기 위해서 많은 (　　　　　　)들이 모였다.
4) 말로만 설명하는 것 보다 직접 비디오를 보여주는 게 더 (　　　　　　).
5) 다른 사람에게 내 생각을 정확하게 (　　　　　　) 것이 생각보다 힘들다.

관련 어휘

1 **다음은 프레젠테이션과 관련된 단어입니다. 관계있는 것끼리 연결하십시오.**

화술	시청각 자료	출처	요약본

1) 화술 •　　　　　• 표나 그림으로 보여 준다.

2) 시청각 자료 •　　　　　• 어법, 말투에 신경 쓴다.

3) 출처 •　　　　　• 발표 내용을 이해하기 쉽도록 간단하게 정리한다.

4) 요약본 •　　　　　• 어디에서 내용을 인용했는지 밝힌다.

2 **다음을 익히고 (　　　)에 알맞은 단어를 쓰십시오.**

본론	토론　　　서론　　　결론

프레젠테이션 내용은 크게 네 부분으로 나눌 수 있다. 첫 번째는 인사와 자기소개, 프레젠테이션 목적 등에 대해 말하는 (　　　　　　) 부분, 두 번째는 프레젠테이션의 중요한 내용을 발표하는 본론 부분 그리고 프레젠테이션의 내용을 간단하게 요약하고 마무리하는 (　　　　　　) 부분이다. 프레젠테이션이 끝나면 청중들의 질문을 듣고 대답하는 질의응답 시간이 있다. 발표한 사람과 청중들이 프레젠테이션 내용에 대해 서로 다른 의견을 가지고 있을 때는 (　　　　　　)을/를 벌일 수도 있다.

문법 **다음 대화를 완성하십시오.**

1

–느라고 –었는데/았는데/였는데

1) 가: 출장 준비는 다 하셨어요?
   나: 준비하느라고 했는데 다시 한 번 확인해 봐야 할 것 같아요.

2) 가: 미국 지사 사진이 빠졌는데요?
   나: 죄송합니다. 신경을 쓰느라고 썼는데 실수로 빠진 모양이네요.

3) 가: 내일 회의 자료를 다 만드셨나요?
   나: ……………………………………………………………………………………………….

4) 가: 그 회사와 계약이 됐어요?
   나: ……………………………………………………………………………………………….

2

–게 마련이다

1) 가: 여러 명에게 사기를 친 그 남자가 결국 잡혔대요.
   나: 꼬리가 길면 밟히게 마련이지요.

2) 가: 그 팀에서 프로젝트를 성공적으로 마쳤어요.
   나: 팀워크가 좋으면 결과도 좋게 마련이지요.

3) 가: 새 대통령 부임 후에 장관이 많이 바뀌었다면서요?
   나: 대통령이 바뀌면 …………………………………………………………………….

4) 가: 그 식당에 손님이 점점 많아지고 있어요.
   나: ……………………………………………………………………………………………….

듣기

Ⅰ 다음을 듣고 질문에 답하십시오.

1. 들은 내용과 가장 어울리는 제목은 무엇인지 고르십시오. (　　)

❶ 프레젠테이션의 어려움　　❷ 성공적인 프레젠테이션

❸ 프레젠테이션의 중요성　　❹ 프레젠테이션의 효과

2. 박병호 씨가 책을 쓰게 된 이유는 무엇입니까?

3. 맞으면 O표, 틀리면 X표 하십시오.

1) 그림이나 도표에는 여러 가지 색을 사용하는 것이 좋다. (　　)

2) 유머와 큰 몸짓으로 청중의 주의를 끄는 것도 좋은 방법이다. (　　)

3) 발표할 때는 청중보다는 시청각자료를 보고 하는 것이 좋다. (　　)

읽기

Ⅰ 다음을 읽고 질문에 답하십시오.

1 ㄱ) ………………………………………. 저희 팀이 최근에 끝낸 프로젝트에 대해서 말씀드리겠습니다. 태양주식회사에서 새로 만든 자회사인 '장미'는 화장품을 만드는 회사입니다. 태양주식회사에서는 저희 회사에 '장미'를 위한 로고 제작을 맡겼습니다. 오늘 이 자리에서 여러분에게 개발부에서 만들어 낸 결과물을 소개하도록 하겠습니다.

2 태양주식회사가 저희에게 요구한 것은 지금까지 볼 수 없었던 새로운 이미지였습니다. ㄴ) .... 이번 프로젝트가 아주 성공적이었다는 것입니다. 저희는 태양주식회사가 원하는 대로 도시적이고 현대적인 이미지를 나타낼 수 있는 로고를 만들었습니다.

3 다시 한 번 말씀드리지만 지금까지 볼 수 없었던 새로운 디자인과 감각으로 '장미'를 위한 로고 제작이 성공적으로 끝났습니다. 태양주식회사로부터 좋은 평가를 받았습니다. ㄷ) .... 지금까지 들어 주셔서 감사합니다. 그리고 ㄹ) ....

1. 이 글의 내용은 어떤 프레젠테이션입니까? (   )

❶ 프로젝트 결과에 대한 프레젠테이션
❷ 사업 계획에 대한 프레젠테이션
❸ 시장조사 결과에 대한 프레젠테이션
❹ 화장품 광고 제작에 대한 프레젠테이션

2. .... 에 들어갈 표현을 보기에서 골라 번호를 쓰십시오.

❶ 안녕하십니까? 개발부의 김민수 대리입니다
❷ 이것으로 프레젠테이션을 마치겠습니다
❸ 제가 이 자리에서 말씀드리고 싶은 것은
❹ 질문이 있으면 해 주시기 바랍니다

ㄱ) (   ) ㄴ) (   ) ㄷ) (   ) ㄹ) (   )

3. 이 프레젠테이션에서 보여줄 결과물은 무엇인지 쓰십시오.

과제와 활동

Ⅰ 프레젠테이션할 때 사용되는 표현을 익힙시다.

서론	• 안녕하십니까? 저는 OO부서의 김OO입니다. • 지금부터 발표를 시작하겠습니다. • –에 대해 말씀(설명)드리겠습니다.
본론	• 본론을 말씀드리자면... • 제가 이 자리에서 말씀드리고 싶은 것은...
결론	• 끝까지 들어 주셔서 감사드립니다. • 질문이 있으면 해 주시기 바랍니다.

Ⅱ 6과 과제와 활동에서 만든 회의 결과에 대해 5분 이내로 프레젠테이션을 해 봅시다.

인사, 자기소개	
프레젠테이션 목적	
본문	

결론	
감사의 말	

Ⅲ 아래 표에 ✓표하고 각 팀의 프레젠테이션에 대해 평가하십시오.

평가기준 : 5. 아주 잘함 4. 잘함 3. 보통 2. 조금 부족함 1. 아주 부족함

평가 내용 \ 팀	팀 1	팀 2	팀 3	팀 4
준비를 열심히 했다.	5 4 3 2 1	5 4 3 2 1	5 4 3 2 1	5 4 3 2 1
발표 내용이 좋다.	5 4 3 2 1	5 4 3 2 1	5 4 3 2 1	5 4 3 2 1
발표 내용이 잘 전달 됐다.	5 4 3 2 1	5 4 3 2 1	5 4 3 2 1	5 4 3 2 1
목소리의 크기와 억양이 좋다.	5 4 3 2 1	5 4 3 2 1	5 4 3 2 1	5 4 3 2 1
시선 분배와 몸짓이 적절했다.	5 4 3 2 1	5 4 3 2 1	5 4 3 2 1	5 4 3 2 1
시간을 잘 지켰다.	5 4 3 2 1	5 4 3 2 1	5 4 3 2 1	5 4 3 2 1
총점				

MP3

LESSON 8
비즈니스 이메일

학습 목표 • **문법** –기 바라다, –는 대로 • **어휘** 비지니스 이메일에 쓰이는 어휘 • **과제** 비즈니스 이메일 쓰기

1 비즈니스 이메일을 쓸 때 무엇이 중요합니까? 순서를 정해 보십시오.

❶ 맞춤법 ❷ 인삿말 ❸ 높임말 ❹ 호칭 ❺ 공식적인 어휘와 표현

(　　　　) – (　　　　) – (　　　　) – (　　　　) – (　　　　)

2 중요하다고 생각하는 것이 또 있습니까? 같이 이야기해 봅시다.

대화

과장　영국에 있는 회사에서 이메일이 왔다고 들었는데, 무슨 내용이었습니까?

김민수　우리 회사 제품에 관심이 있으니 가격표를 보내달라는 내용이었습니다.

과장　그럼 답변을 보내고 결과가 어떻게 됐는지 알려 주시기 바랍니다.

김민수　제품에 대한 카탈로그도 요청했는데 첨부파일로 보낼까요?

과장　그러세요. 메일을 보내고 수신 참조는 저와 사장님으로 하십시오.

김민수　오늘 오후에 이메일을 보내고 그쪽에서 답변이 오는 대로 말씀드리겠습니다.

본문 어휘

다음을 익히고 (   ) 안에 알맞은 단어를 쓰십시오.

가격표	답변	요청하다	첨부파일	수신 참조

1) 물건값은 (   )을/를 보면 알 수 있습니다.

2) 그 이메일의 수신인은 팀장님으로 하고 나머지 팀원들은 (   )으로/로 해서 보내세요.

3) 부장님께서 (   ) 자료를 다 준비해 놓았습니다.

4) 이메일을 보낼 때 그림이나 사진은 (   )으로/로 보내는 것이 좋습니다.

5) 프레젠테이션이 끝난 후에 질문을 받고 그에 대한 (   )을/를 하겠습니다.

관련 어휘

1 다음은 이메일과 관련된 단어입니다. (   )에 알맞은 단어를 쓰십시오.

보낸 편지함	받은 편지함	입력	스팸 메일	수신 확인	삭제

나에게 온 이메일을 확인할 때는 (   )을/를 읽어 보면 됩니다. 메일을 보낼 때는 상대방의 메일 주소를 (   )하고 보내기를 누르면 됩니다. 내가 보낸 이메일은 (   )에 저장됩니다. 상대방이 메일을 읽었는지 확인하고 싶을 때는 (   )을/를 눌러 보십시오. 요즘에는 광고를 하거나 바이러스를 퍼트리는 (   )이/가 많으니까 잘 모르는 사람의 메일은 열어 보지 말고 (   )하는 것이 좋습니다.

2 다음을 익히고 관계있는 것끼리 연결하십시오.

관심	애국심　호기심　경쟁심　자존심　이기심

1) 애국심 •

2) 호기심 •

3) 경쟁심 •

4) 자존심 •

5) 이기심 •

• 새롭고 신기한 것을 좋아하거나 모르는 것을 알고 싶어하는 마음

• 나라를 사랑하는 마음

• 다른 사람을 생각하지 않고 자신만의 이익을 생각하는 마음

• 남에게 굽히지 않고 자신의 품위를 스스로 지키는 마음

• 다른 사람을 이기려고 하는 마음

문법

1 -기 바라다

1) 가: 새해카드에 인사말을 어떻게 쓰는 게 좋아요?
나: '늘 건강하시고 원하는 것을 모두 이루시기 바랍니다'라고 써요.

2) 가: 김창수 씨, 입사를 축하드립니다.
나: 감사합니다. 아직 모르는 것이 많으니까 많이 도와주시기 바랍니다.

3) 가: 보고서는 언제까지 제출해야 합니까?
나: .... 기 바랍니다.

4) 가: 바쁘실 텐데 제 결혼식에 와 주셔서 감사드립니다.
나: ....

2 -는 대로

1) 가: 출장 보고서를 언제 제출하실 거예요?
나: 지금 마무리 중인데 완성되는 대로 드리겠습니다.

2) 가: 저녁 모임을 몇 시로 할까요?
나: 업무가 끝나는 대로 다 같이 나갑시다.

3) 가: 김 과장 어디 나갔나요?
나: 지금 총무부에 잠깐 가셨는데 .... 부장님이 찾으셨다고 말씀드리겠습니다.

4) 가: 미국 출장 잘 다녀오세요.
나: .... 전화 드리겠습니다.

듣기

I **다음을 듣고 질문에 답하십시오.**

1. 들은 내용의 제목으로 적당한 것을 고르십시오. (　　　)

❶ 이메일에 파일을 첨부하는 방법
❷ 이메일을 쓸 때 좋은 인사말
❸ 이메일을 잘 쓰는 방법
❹ 이메일에 써야 하는 내용

2. 들은 내용과 **다른** 것을 고르십시오. (　　　)

❶ 이메일은 내용보다 제목이 더 중요하다.
❷ 처음 보내는 이메일은 경어체를 쓰는 것이 좋다.
❸ 내용은 간단하고 상대방이 읽기 쉽게 써야 한다.
❹ 메일을 자주 주고받는 사이라면 개인적인 내용을 써도 좋다.

3. 온라인 명함을 첨부하면 좋은 이유는 무엇입니까?

읽기

I **다음을 읽고 질문에 답하십시오.**

〈이메일 1〉

제목 : ....

서인영 부장님께
지난 주에 열린 화장품 박람회에서 저희를 찾아 주셔서 감사드립니다. 요청하신 제품 설명서를 오늘 오전에 보내드렸습니다. 제품 소개를 원하신다면 저희가 샘플을 가지고 직접 방문하여 설명을 드리도록 하겠습니다. 제품 설명서를 보시고 궁금한 점이 있으면 언제든지 연락주시기 바랍니다.
한강화장품 김기문 드림

〈이메일 2〉

제목 : ....

김기문 대리님,

보내 주신 제품 설명서 잘 받았습니다. 저희 회사에서는 기초화장품을 구입할 계획입니다. 샘플과 가격표를 보내 주시면 감사하겠습니다. 제품 주문에 대한 자세한 내용을 알려면 어떻게 해야 하는지도 알려 주시기 바랍니다. 혹시 직접 방문하셔서 제품 설명을 해 주실 수 있는지 답변 바랍니다.

서인영 드림

〈이메일 3〉

제목 : ....

서인영 부장님께

지난 주 이메일을 잘 받았습니다. 저희 회사 제품을 주문해 주셔서 감사드립니다. 주문하신 제품 500개를 오늘 오전에 발송했으며 3일 이내에 도착할 것입니다. 제품에 대한 질문사항이 있으시면 언제든지 기술부로 전화해 주십시오. 번호는 (031)831-4989이고 이혁재 대리를 찾으시면 됩니다.

김기문 드림

1. 이메일 제목을 〈보기〉에서 골라 써 넣으십시오.

이메일 1 – (   ) 이메일 2 – (   ) 이메일 3– (   )

〈보기〉
❶ 제품 구입 계획
❷ 부탁하신 제품 설명서 보내드립니다
❸ 주문하신 제품을 발송했습니다.

2. 이메일 1의 내용과 <u>**다른**</u> 것을 고르십시오. (　　　)

❶ 서인영 부장은 화장품 박람회에서 본 제품에 관심을 가지고 있다.

❷ 한강화장품에서는 샘플을 보냈다.

❸ 김기문 대리는 직접 방문하여 화장품 소개를 할 수 있다.

❹ 김기문 대리는 제품 설명서를 보냈다.

3. 이메일 2의 내용과 맞으면 O표, 틀리면 X표 하십시오.

1) 서인영 부장은 주문을 어떻게 해야 하는지 잘 모른다. (　　　)

2) 서인영 부장은 제품의 가격에 대해 잘 알고 있다. (　　　)

3) 서인영 부장은 김기문 대리를 직접 만나서 설명을 듣고 싶다. (　　　)

4. 이메일 3의 내용과 맞는 것을 모두 고르십시오. (　　　　　　　　)

❶ 제품은 오늘 도착할 것이다.

❷ 보낸 제품은 모두 500개이다.

❸ 상품에 대한 주문은 기술부에 해야 한다.

❹ 제품에 대해 질문하면 이혁재 대리가 설명해 줄 것이다.

과제와 활동

Ⅰ 업무상의 이메일에서 자주 쓰는 표현들을 익혀봅시다.

관련표현

요청, 요구하기	• 샘플을 보내 주시면 감사하겠습니다. • 바로 연락주시기 바랍니다. • 자료를 보내주셨으면 합니다. • 빠른 답변 부탁드립니다.
감사 인사하기	• 빠른 답변에 감사드립니다. • 친절과 환대에 감사드립니다. • 늘 성원해 주셔서 감사합니다. • 뭐라고 감사의 말씀을 드려야 할지 모르겠습니다.
확인하기	• 보내주신 메일 잘 받았습니다. • 답변 감사합니다. • 보내주신 물품 잘 받았습니다
사과하기	• 답장이 늦어져서 죄송합니다. • 본의 아니게 배송이 늦어진 점 사과드립니다. • 지난 번 약속을 지키지 못한 것에 대해서 진심으로 사과의 말씀을 드립니다.

Ⅱ 위의 표현을 이용해서 다음 상황에 맞는 이메일을 쓰십시오,

1. 휴가를 떠나는 과장에게 부탁하는 말이나 인사를 전하는 이메일

제목: 휴가 다녀오겠습니다.

여러분 안녕하세요.
다음 주 4월 1일부터 8일까지 휴가를 갑니다. 자리를 비우는 동안 적어도 하루에 한 번 이메일을 확인하겠습니다. 혹시 급한 문제가 생기면 저희 부서 김민정 씨에게 연락하거나 제 휴대폰으로 전화를 주세요. 다녀와서 인사드리겠습니다. 그동안 건강히 잘 지내세요.

김영수 올림

답변: 휴가 잘 다녀오세요.

김영수 과장님께

……………………………………………………………………………………………

……………………………………………………………………………………………

……………………………………………………………………………………………

……………………………………………………………………………………………

2. 받은 메일에 대해서 사과하는 답변 이메일

제목: B&D 회사입니다.

지난 달에 요청한 여성 의류 샘플이 아직도 도착하지 않았습니다. 샘플과 가격표를 보내 주시면 귀사 제품 구매 결정에 큰 도움이 되겠습니다. 빠른 답변을 부탁드립니다.

박정수 올림

답변: ………………………………

박정수 대리님께

……………………………………………………………………………………………

……………………………………………………………………………………………

……………………………………………………………………………………………

……………………………………………………………………………………………

……………………………………………………………………………………………

3. 출장 일정에 대한 자세한 내용을 문의하는 이메일

제목: 상해 출장

양양 씨에게

....

....

....

....

....

답변: 출장 일정이 확정되었습니다.

김영수 과장님께

과장님의 출장 계획이 확정되었습니다. 7시 30분에 공항에 도착하시면 회사 운전기사가 숙박지인 상해호텔로 안내해 드릴 것입니다. 9월 1일 저녁부터 9월 5일 오전까지 상해호텔에 머무르시게 됩니다. 호텔에서는 초고속 인터넷 서비스를 이용하여 업무를 보실 수 있습니다. 상해에 있는 공장과 연구실 견학도 계획대로 진행될 예정입니다. 자세한 일정표는 첨부파일을 참조하시기 바랍니다.

상해 지사 양양 드림.

BUSINESS KOREAN

MP3

LESSON 9 게시물

학습 목표 • **문법** -느라고, -는다기에 • **어휘** 게시물 관련된 어휘 • **과제** 게시물 쓰기

1 여러분 나라의 회사에서는 다음 중 어떤 경우에 게시물로 알립니까? ✔표 하십시오.

직원이 결혼할 때	( )	직원의 부모님이 돌아가셨을 때	( )
직원이 모두 모여 식사를 하려고 할 때	( )	직원이 병원에 입원했을 때	( )
직원이 아기를 낳았을 때	( )	회사의 행사를 알릴 때	( )
직원이 회사를 그만둘 때	( )	직원이 승진했을 때	( )

2 게시물 외에 회사에서 직원들에게 어떤 방법으로 정보를 제공하거나 알리는지 이야기해 봅시다.

대화

이진호　게시판 읽어 보셨어요? 다음 주에 야유회 간다면서요?

김민수　야유회 준비하느라고 총무부 김 대리님이 고생을 많이 하겠는데요?

이진호　그렇지 않아도 김 대리가 음식을 준비해야 하니까 빨리 참가 여부를 알려 달라기에 어제 알려줬어요.

김민수　작년에는 비가 많이 와서 잘 놀지도 못했는데 이번에는 날씨가 맑았으면 좋겠네요.

이진호　가족과 함께 가도 된다고 하니까 이번에는 아이들도 데리고 가야겠어요.

김민수　야유회 덕분에 아이들한테 점수 좀 따겠는데요.

본문 어휘

다음을 익히고 (　　　)에 알맞은 단어를 쓰십시오.

게시판	야유회	참가하다	여부	점수를 따다

1) 음식 준비를 해야 하니까 집들이 참석 (　　　　　)을/를 알려주세요.

2) 김 대리님 결혼 소식에 대해서 자세히 알고 싶으면 (　　　　　)을/를 보세요.

3) 집안일을 많이 도와주면 부인에게 (　　　　　　　　).

4) 우리 부서에서는 다음 주 금요일에 (　　　　　)을/를 가기로 했어요.

5) 회사 체육대회에 (　　　　　) 분은 김 과장에게 알려주시기 바랍니다.

관련 어휘

1 다음은 게시물에서 볼 수 있는 단어들입니다. (   )에 알맞은 단어를 쓰십시오.

인사 발령	부고	공지 사항	협조 요청

1) (   )

8월 4일 토요일에는 물탱크 청소로 물이 나오지 않습니다. 토요일에 회사에 나오시는 분은 이 점 유의하시기 바랍니다.

2) (   )

여름철 에어컨 사용으로 전기사용량이 크게 늘고 있습니다. 방마다 에어컨 사용을 조금 줄여 주셨으면 감사하겠습니다.

3) (   )

발령 사항: 승진
직명: 부산 영업부장
직급: 1급
성명: 최 동 원

4) (   )

관리부 김영수 차장 부친상
장례식장: 금호병원 장례식장 2호실
발인: 2008년 9월 5일 금요일
오전 8시

2 다음을 익히고 관계있는 것끼리 연결하십시오.

야유회	동호회	동창회	송별회	환영회

1) 동호회 •   • 회사나 학교가 새로 들어온 사람을 반갑게 맞기 위한 모임

2) 동창회 •   • 취미가 같은 사람들이 함께 취미활동을 하는 모임

3) 송별회 •   • 떠나는 사람을 보낼 때 섭섭함을 달래기 위해 가지는 모임

4) 환영회 •   • 같은 학교를 졸업한 사람들이 오래간만에 한 자리에서 만나는 모임

문법 다음 대화를 완성하십시오.

1 -느라고

1) 가: 왜 휴대폰을 안 가지고 오셨어요?
   나: 아침에 늦게 일어나서 정신없이 나오느라고 집에 놓고 왔어요.

2) 가: 왜 오늘 회사에 지각하셨어요?
   나: 아침에 병원에 좀 갔다가 오느라고 늦었어요.

3) 가: 많이 피곤하신 것 같아요.
   나: ....

4) 가: 왜 이렇게 늦게 오셨어요?
   나: ....

2 -는다기에/ㄴ다기에, 다기에

1) 가: 어디 갔다 오셨어요?
   나: 부장님이 잠깐 찾으신다기에 가 뵙고 왔어요.

2) 가: 오늘 저녁에 약속이 있나 봐요.
   나: 오랜만에 친구가 한잔 하자기에 한잔 하러 갑니다.

3) 가: 여름휴가는 어디로 가실 거예요?
   나: .... 그 쪽으로 가려고 합니다.

4) 가: 서 과장님 집들이 선물로 뭘 사셨어요?
   나: ....

듣기

I 각 대화가 어느 게시물을 보고 하는 대화인지 쓰십시오.

대화 1 (　　　)　대화 2 (　　　)　대화 3 (　　　)　대화 4 (　　　)

〈가〉

알립니다!
부장님이 갑자기 출장을 가셔서 회의 일정이 바뀌었습니다.

날짜: 4월 7일 화요일 → 4월 11일 금요일
장소: 파인룸 → 오크룸
핸드아웃은 12부씩 가지고 오십시오.

〈나〉

당진 공장에 문제가 생겨서 이번 수요일 회의가 취소되었습니다.
다음 회의 날짜가 결정되면 곧 알려 드리겠습니다.

〈다〉

바자회가 열립니다!!

다음 주 토요일(9월 24일)에 회사 로비에서 바자회가 있습니다. 집에서 안 쓰는 그릇, 유행이 지난 바지, 아이들 장난감, 음악 CD, 다 읽은 책 등등 모두 가지고 오십시오. 수익금은 모두 불우 이웃들에게 보냅니다.

♥ 많이 참여해 주세요!! ♥

〈라〉

♬ 송년회 공지 ♪

올해 우리 부서의 송년회는 '하누소' 에서 합니다. 사거리에서 다복백화점 방향으로 100미터쯤 가면 있습니다. 이차는 근처 노래방으로 갈 예정입니다. 모두 참석해 주십시오.

읽기

I 다음을 읽고 질문에 답하십시오.

〈게시물 1〉

야유회 공고

온 강산에 울긋불긋 수를 놓은 듯한 단풍철이 찾아왔습니다. 출근길 가로수도 어느새 빨강 노랑 빛으로 물들어 제법 분위기 있는 풍경으로 다가옵니다.

이 아름다운 계절에 직원들의 단합을 위해 아래와 같이 가을 야유회를 가지게 되었습니다. 직원 여러분 모두 참석하셔서 함께 좋은 추억을 만드시기 바랍니다.

1. 일시: 2006년 10월 21일 토요일
2. 장소: 용산 가족 공원
3. 출발: 당일 오전 8시 30분 회사 정문 앞
4. 개인 준비물: 간식, 간단한 운동기구(공, 배드민턴 라켓 등)

총무과

1. 야유회의 목적이 무엇입니까?

2. 맞는 것을 고르십시오. (   )

❶ 식사를 각자 준비해 와야 한다.

❷ 단풍이 아름다운 산으로 야유회를 간다.

❸ 식사 이외에 다른 활동도 할 것이다.

❹ 직원들의 가족도 참여한다.

Ⅱ 다음을 읽고 질문에 답하십시오.

〈게시물 2〉

송년 모임 안내

임직원 여러분 안녕하십니까? 2007년 새해 첫 날을 맞았던 때가 엊그제 같은데 어느새 한 해가 끝나갑니다. 한해 동안 수고 많으셨습니다. 임직원 여러분에게 보답하고자 아래와 같이 송년 모임을 가질 계획입니다. 좀 더 새로운 송년 모임을 원하시는 여러분들을 위해서 올해는 1박 2일로 스키장에서 송년회를 하고자 합니다. 원하시는 분은 스키 강습도 받으실 수 있습니다. 저녁에는 선물 교환 시간도 있을 예정이오니 선물을 준비해 주시기 바랍니다. 모두 참석하셔서 자리를 빛내 주시기 바랍니다.

일시: 12월 14일 금요일 6시
장소: 대원 스키장

1. 이 송년회를 준비하는 이유는 무엇입니까?

2. 맞으면 O표, 틀리면 X표 하십시오.

1) 올해의 모임도 작년과 비슷한 장소에서 가진다. (　　)

2) 송년 모임을 위해서 회사에서 선물을 준비했다. (　　)

3) 직원들은 새로운 송년모임을 가지기 원했다. (　　)

과제와 활동

Ⅰ 다음 게시물 중 하나를 골라 .... 에 제목을 쓰고 내용을 써 보십시오.

1. **송년회 안내**

의류회사에서 송년회 모임을 가지려고 합니다. 송년 모임을 알리는 게시물을 써 보십시오.

....

장소:

일시:

2. **야유회 일정 변경 안내**

4월 6일에 봄 야유회를 가려고 했지만 그 날 황사주의보가 내려졌기 때문에 4월 13일로 날짜를 바꾸려고 합니다. 변경된 일정을 알리는 게시물을 써 보십시오.

....

변경된 날짜:

3. **물자절약 협조**

프린터 용지, 복사 용지, 프린터의 토너 등의 물품을 아껴 써 달라는 게시물을 써 보십시오.

....

MP3

LESSON 10
회식

학습 목표 • 문법 –을 겸, –어 가면서 • 어휘 회식 관련 어휘 • 과제 회식문화에 대해 이야기하기

1 한국에서 회식을 해 보았습니까? 보통 어디에서 합니까? 얼마나 자주 합니까? 무엇을 먹습니까?

2 여러분 나라에서도 직장에서 회식을 합니까? 한국과 다른 것은 무엇인지 같이 이야기 해 봅시다.

대화

이 과장 오늘은 영양 보충도 할 겸 삼계탕 집으로 왔는데 모두 괜찮으신지 모르겠습니다.

김 부장 좋습니다. 요즘같이 더운 날씨에는 영양을 보충해 가면서 일을 해야지 그러지 않으면 병이 나요.

이 과장 올해 여름은 정말 습기도 많고 더운 것 같아요.

김 부장 그럼 우리 먼저 건배부터 할까요? 위하여!

이 과장 우리 부서 직원들 모두 이번 프로젝트를 끝내느라고 애 많이 썼습니다.

김 부장 모두들 수고했어요. 그래서 오늘 회식 자리를 마련했으니까 많이들 드세요.

본문 어휘

다음을 익히고 ( )에 알맞은 단어를 쓰십시오.

회식	영양 보충	습기	건배	애를 쓰다	마련하다

1) 한해 동안 회사를 위해 ( ) 사원들을 위해 송년모임을 갖는다.

2) 옆방에 행사가 끝나고 간단하게 먹을 다과를 ( ).

3) ( )은/는 회사원들이 스트레스도 풀고 회사원들 간의 관계를 더 좋게 만들기 위해 모이는 자리이다.

4) ( )이/가 많으면 같은 온도라도 더 덥게 느껴진다.

5) ( )을/를 할 때 한국 사람들은 보통 '위하여'를 외친다.

6) 한국 사람들이 ( )을/를 위해서 먹는 음식들로는 삼계탕, 추어탕 등이 있다.

관련 어휘

1 **다음은 회식과 관련된 단어입니다. ( )에 단어를 쓰십시오.**

단합하다	친목을 도모하다	격려하다	화기애애하다	서먹하다

1) 곧 큰 시험을 보는 후배에게 틀림없이 잘 할 수 있을 거라고 ( ) 주었다.

2) 회사에서는( ) 위해서 모든 사람이 같이 식사를 하거나 야유회를 가거나 한다.

3) 부서나 팀의 구성원이 바뀌면 처음에는 분위기가 ( ).

4) 우리 부서의 분위기는 아주 (   ) 생일이나 기념일 등을 서로 잘 챙겨 준다.

5) 스포츠 경기는 팀원들끼리 잘 (   ) 경기를 잘 이끌어야 한다.

2 다음을 익히고 관계있는 것끼리 연결하십시오.

습기	온기	열기	한기	생기	활기

1) 차가웠던 환자의 몸에 다시 (   )이/가 느껴지기 시작했다.

2) 시장에서는 열심히 살려고 하는 상인들과 많은 손님들로 (   )을/를 느낄 수 있다.

3) 대학 축제에 가보면 젊은이들의 뜨거운 (   )이/가 느껴진다.

4) 오랫동안 난방을 하지 않은 방이라서 방 안에 들어가자 (   )이/가 느껴졌다.

5) 원하던 직장으로 옮긴 다음부터 그 남자의 얼굴에 (   )이/가 돌았다.

문법

다음 대화를 완성하십시오.

1 -을/ㄹ 겸

1) 가: 오늘 회식 후엔 어디에 갈 계획인가요?
   나: 스트레스도 풀 겸 노래방에 가기로 했어요.

2) 가: 요즘은 너무 바빠서 같이 밥 한 번 먹기도 힘든 것 같아요.
   나: 오랜만에 부서 사람들이 서로 단합도 할 겸 한번 모입시다.

3) 가: 술을 못 마신지 한 달은 된 것 같아요.
   나: 그럼 ....을/ㄹ 겸 오늘 회식하는 것이 어때요?

4) 가: 야유회를 어디로 가면 좋을까요?
   나: ....

2 -어/아/여 가면서

1) 가: 오늘은 빨리 취하는 것 같아요.
   나: 안주를 먹어 가면서 술을 마셔야 덜 취해요.

2) 가: 불고기 맛이 좀 짠 것 같은데요.
   나: 음식 만들 때는 맛을 봐 가면서 만들어야 해요.

3) 가: 이번에 백종인 씨 도움이 컸어요. 고맙습니다.
   나: 고맙기는요. 당연히 서로 ....어/아/여 가면서 살아야지요.

4) 가: 네 시간째 컴퓨터 작업을 하니까 많이 피곤하네요.
   나: 좀 ....어/아/여 가면서 일을 하세요.

듣기

I 다음을 듣고 왜 회식을 하는지, 어디에서 회식을 하는지 쓰십시오.

	왜 회식을 합니까?	어디에서 회식을 합니까?
대화 1		
대화 2		
대화 3		

읽기

I. 다음을 읽고 질문에 답하십시오.

한국의 직장인들에게 '회식'하면 가장 먼저 떠오르는 것 중의 하나는 술이다. 그만큼 한국 직장에서의 회식 문화는 술과 깊은 관계가 있다. 그러나 요즘은 술을 중심으로 하는 회식 문화에 대해 문제가 있다고 하는 사람들이 많다.

술을 많이 마시면 사원들의 건강이 안 좋아질 뿐만 아니라 다음날 업무에 지장을 주기도 한다. 또한 요즘에는 회식 자리에서 술을 강제로 마시라고 하거나 잔을 돌리는 것에 대해 거부감을 느끼는 신세대도 많아지고 있다.

회식은 일 때문에 생겼던 스트레스를 풀 수 있는 좋은 기회이다. 맛있는 음식을 먹으면서 선후배들 그리고 동료들과 마음을 터놓고 이야기를 하다 보면 회사 안에서 생긴 갈등을 어느 정도 풀 수 있고 친목을 도모할 수도 있다. 이를 통해 분위기가 좋아지면 회사의 생산성도 높아진다. 친목 도모를 통해 생산성을 높이는 것이 결국 회사에서 회식을 가지는 가장 중요한 목적이라고 볼 수 있다.

ㄱ) **이러한 회식의 본래 목적**을 생각할 때 과음이나 2차 3차로 이어지는 회식 문화를 이제 좀 바꿀 필요가 있다. 최근에는 회식 문화도 조금씩 달라져서 일부 대기업에서는 회식할 때 술을 마시지 않기도 하고, 연극이나 음악회로 회식을 대신하기도 한다.

1. 이 글에 포함되지 않은 내용은 무엇입니까? (　　　)

❶ 회식의 절차　　❷ 회식을 하는 이유

❸ 회식 문화의 문제점　　❹ 회식의 긍정적 역할

2. 맞으면 O표, 틀리면 X표 하십시오.

1) 한국의 회식은 술과 깊은 관계를 가지고 있다. (　　)

2) 요즘 기성세대의 음주 문화를 좋아하는 신세대들이 많아지고 있다. (　　)

3) 대기업을 중심으로 음주를 대신하는 새로운 회식 문화를 만들고 있다. (　　)

3. ㄱ) 이러한 회식의 본래 목적을 윗글에서 찾아 쓰십시오.

과제와 활동

Ⅰ. **한국과 여러분 나라의 회식 문화를 비교해서 간단하게 적어 보십시오.**

	한국	국가: ....
회식을 합니까?	한다	
얼마나 자주 합니까?	한 달에 2~3번	
보통 어디에 갑니까?	다양하다. (고기를 구워 먹는 식당, 한식집, 일식집...)	
술을 어느 정도 마십니까?	많이 마시는 편이다	

특별한 음주 문화나 예절이 있습니까?	• 다른 사람이 술을 따라 준다. 술을 다 마신 후 빈 잔에 술을 따라 다른 사람에게 준다. • 윗사람 앞에서는 보통 고개를 옆으로 돌려서 마신다	
회식 자리의 분위기는 어떻습니까?	• 여러 사람들과 즐겁게 이야기 한다. • 일에 대한 이야기는 많이 하지 않는 편이다.	
회식이 끝나면 다음 모임이 있습니까?	2차로 노래방에 간다	
몇 시쯤 끝납니까?	12시가 넘어서 끝난다	

Ⅱ. 〈보기〉와 같이 여러분 나라의 회식문화를 쓰고 발표해 봅시다.

〈보기〉 한국 직장인의 회식 문화

얼마나 자주 합니까?	한국의 직장에서는 회식을 자주 합니다. 회사마다 다르지만 한 달에 2~3번 정도는 같은 부서의 직원, 또는 같은 부서의 부원들끼리 모여서 회식을 합니다.
어디에서 합니까?	회식 장소는 다양하지만 보통 음식을 먹고 술을 마실 수 있는 곳으로 갑니다. 불고기, 삼겹살 등 고기와 함께 한국 음식을 먹을 수 있는 식당이 회식 장소로 인기가 있습니다. 일식집이나 중국집에 가는 경우도 있습니다. 최근에는 패밀리 레스토랑이 많이 생기면서 이런 곳에서 회식을 하는 회사도 있습니다.
특별한 음주 문화나 예절이 있습니까?	보통 회식을 하면 술을 마십니다. 술을 마셔야 어느 정도 긴장이 풀리고 또 편한 분위기에서 마음을 터놓고 이야기할 수 있게 되기 때문입니다. 술을 마실 때에는 자기 술잔에 술을 따르지 않고 다른 사람이 따라 주어야 합니다. 그리고 자신의 술잔을 비우고 빈 잔을 다른 사람에게 주어 술을 따라 주기도 합니다. 윗 사람 앞에서 술을 마실 때에는 고개를 옆으로 돌려서 마시는 것이 예의입니다.
어떻게 끝납니까?	8시 쯤 식사가 끝나면 그날의 회식 일정을 마치는 경우도 있지만 2차로 이어지는 경우가 많습니다. 술도 깰 겸 노래방에 가서 노래를 부릅니다. 11시쯤 끝나거나 더 늦게 끝나는 경우도 있습니다.

얼마나 자주 합니까?	
어디에서 합니까?	
특별한 음주 문화나 예절이 있습니까?	
어떻게 끝납니까?	

LESSON 11

품질 관리

MP3

학습 목표 • **문법** -을 건가요?, 아무리 -는다고 해도 • **어휘** 품질 관리 관련 어휘 • **과제** 품질 개선 방법 제안하기

1 다음 물건들에 대해 어느 회사의 제품이 믿을 만한지 이야기해 보십시오.

TV	디지털 카메라	자동차	시계
핸드폰	여행용 가방	청바지	감기약

2 오랫동안 고장 없이 만족스럽게 사용하고 있는 물건이 있습니까? 그 물건에 대해 말해 보십시오.

대화

부장 출력할 때 종이가 겹쳐 나와 문제가 되고 있는데 어떻게 해결할 건가요?

과장 부품을 다른 회사 제품으로 바꿔서 품질을 개선할 계획입니다.

부장 이 문제로 제품 판매에 영향을 받지는 않을까요?

과장 이 제품은 가정용으로 인기가 좋은 편이기 때문에 괜찮을 것 같습니다.

부장 아무리 인기가 좋다고 해도 품질이 나쁘면 판매에 문제가 생길 겁니다.

과장 네, 품질관리팀에서 최선을 다 하고 있습니다.

본문 어휘

다음을 익히고 (　　　)에 알맞은 단어를 쓰십시오.

출력	겹치다	부품	품질	개선	영향을 받다

1) 두 나라의 대통령이 만난 후에 두 나라 관계가 (　　　　　　　)되었다.

2) 아이들은 부모님이나 선생님한테서 많은 (　　　　　　　).

3) 자동차 한 대를 만들기 위해서는 수많은 (　　　　　　　)이/가 필요하다.

4) 다른 회사제품과 경쟁하려면 무엇보다도 (　　　　　　　)이/가 좋아야 한다.

5) 약속이 (　　　　　　　) 하나는 취소해야 했다.

6) 프린터가 고장나서 회의 자료를 아직 (　　　　　　　)하지 못했습니다.

관련 어휘

1 다음은 품질 관리에 관련된 단어입니다. (　　　)에 알맞은 단어를 쓰십시오.

품질 인증	품질 관리	소비자 평가	사용 후기	보완하다

1) 다음은 한국의 (　　　　　　　) 마크들입니다.

2) 냉장고에서 소리가 나서 문제가 되었는데 문제점을 (　　　　　　　)었습니다/았습니다/ 였습니다.

3) (   ) 사이트에서는 소비자들이 제품을 사용해 보고 (   ) 을/를 써서 올린다.

4) 회사마다 제품의 (   )을/를 위한 전문 부서를 두고 있습니다.

2 **다음을 익히고 (   )에 알맞은 단어를 쓰십시오.**

품질	재질 자질 소질 화질 음질

1) 이 텔레비전은 스크린이 크면서도 (   )이/가 깨끗해서 인기가 좋습니다.

2) 이 가방은 가볍고 튼튼한 (   )으로/로 만들어서 노인들이 들기에도 좋습니다.

3) 인터넷 전화는 일반 전화에 비해 (   )이/가 조금 떨어집니다.

4) 우리 아이는 그림에 (   )이/가 있는 것 같습니다.

5) 그 사람은 팀장으로서의 (   )이/가 부족합니다.

문법 다음 대화를 완성하십시오.

1 -을/ㄹ 건가요?

1) 가: 오늘부터 2박 3일 예약하려고 합니다.
나: 온돌방으로 하실 건가요? 침대방으로 하실 건가요?

2) 가: 품질관리팀에서 가까운 시일 내에 공장을 방문하려고 합니다.
나: 언제쯤 오실 건가요?

3) 가: 원서 접수를 하러 가려고 하는데 몇 시까지 계십니까?
나: 접수 마감이 5시까지인데 몇 시에 ....?

4) 가: 내일부터 일주일간 휴가예요.
나: ....

2 아무리 -는다고/ㄴ다고, 다고 해도

1) 가: 품질도 중요하지만 가격이 너무 비싸면 안 팔립니다.
나: 아무리 값이 싼 제품이 잘 팔린다고 해도 품질을 무시할 수는 없습니다.

2) 가: 그 회사는 월급은 많은데 야근이 많대요.
나: 저는 아무리 월급이 많다고 해도 그렇게 일이 힘들면 못 견딜 것 같아요.

3) 가: 이 사업은 올해 안에 끝내기가 어려울 것 같은데요.
나: ....

4) 가: 좋은 대학을 나오면 취직하기가 쉬운가요?
나: ....

듣기

Ⅰ 다음을 듣고 질문에 답하십시오.

1. 무슨 제품에 관한 이야기입니까?

2. 어떤 점이 개선되었습니까? (　　)

❶ 전화요금이 내려갔다.
❷ 목소리가 깨끗하게 들린다.
❸ 디자인이 개선되었다.
❹ 주위의 시끄러운 소리를 막아준다.

Ⅱ 다음을 듣고 질문에 답하십시오.

1. 무슨 제품에 관한 이야기입니까?

2. 어떤 점이 개선되었습니까? (　　)

❶ 사진이 선명하게 나온다.
❷ 기존 카메라보다 가벼워지고 작아졌다.
❸ 배터리 사용이 다양해지고 편해졌다.
❹ 가격이 많이 내려갔다.

Ⅲ 다음을 듣고 질문에 답하십시오.

1. '까사벨라'는 무엇의 이름입니까?

2. '까사벨라'에서 제공하는 서비스가 아닌 것을 고르십시오. (　　)

❶ 김치 냉장고를 설치해 준다.
❷ 바깥 유리창을 청소해 준다.
❸ 인테리어를 바꿔 준다.
❹ 침대나 카페트를 소독해 준다.

읽기

I 다음을 읽고 질문에 답하십시오.

요즘 가장 인기를 끌고 있는 청소기는 깔끄미이다. 깔끄미는 처음에 소비자의 관심을 끌지 못했지만 2003년 이후 점점 판매가 증가하고 있다. 가전제품 업계에서 깔끄미는 품질 개선을 통해 성공한 상품의 대표적인 예로 꼽힌다.

주식회사 대원은 대기업에 비해 별로 알려지지 않은 중소기업이었다. 1993년 깔끔하고 깨끗하게 청소를 해 준다는 의미에서 '깔끄미'라는 이름의 청소기를 탄생시켰으나 소비자의 주목을 받지 못했다. 대원의 직원들은 주부들의 수고를 덜어주자는 마음에서부터 다시 출발하기로 했다. 가격을 내리고 품질을 개선하는 데에 최선을 다한 것이다.

직원들은 이 주일 이상 직접 깔끄미를 사용하면서 문제점을 찾아냈고 깔끄미 사용에 대한 주부들의 평가에 귀를 기울였다. 그 결과 기존의 불편한 점들이 개선되었고 품질이 한층 좋아진 청소기로 다시 태어나게 되었다.

처음 만든 제품은 몸체가 무거워서 여기저기 끌고 다니기가 힘들었고 스위치가 몸통에 달려 있어서 전원을 켜고 끄기가 불편했다. 또한 먼지가 날리는 것도 문제였다. 청소기가 빨아들인 먼지 중 아주 작은 먼지 일부는 다시 공기 중으로 날렸다.

이런 점들이 개선되어 새로이 탄생한 깔끄미는 가볍고 사용하기에 편한 제품으로 알려지기 시작했고 주부들의 입에서 입으로 광고가 되어 제일 인기 있는 제품이 되었다.

1. 중심이 되는 내용은 무엇입니까? (　　)

❶ 품질 개선을 통해 판매가 증가했다.

❷ 중소기업 제품이 대기업 제품보다 품질이 더 좋다.

❸ 품질 개선의 노력을 끊임없이 하고 있다.

❹ 주부들의 평가가 품질 개선에 가장 큰 영향을 준다.

2. 왜 '깔끄미'라고 이름을 지었습니까?

3. 기존 청소기의 문제점이 아닌 것은 무엇입니까? (　　)

❶ 무거웠다.　　❷ 전기료가 많이 들었다.

❸ 먼지가 날렸다.　　❹ 사용하기 불편했다.

4. 맞으면 O표, 틀리면 X표 하십시오.

1) 깔끄미는 중소기업의 상품이다. (　　)

2) 청소기가 무거워서 안정감이 있었다. (　　)

3) 청소기가 나오자마자 인기를 끌었다. (　　)

과제와 활동

Ⅰ 다음 제품 중 두 개를 골라 반 친구와 함께 불편했던 점이나 개선되었으면 하는 점을 이야기해 본 후 〈보기〉와 같이 메모하십시오.

냉장고	노트북	자동차	운동화	정수기
핸드폰	배낭	여행 가방	볼펜	기타: ....

〈보기〉

제품	문제	개선 방법
종류: 냉장고 **제조사: 삼영전자**	• 냉동실이 작다 • 냉장실 서랍이 부드럽게 안 열린다	• 냉장실의 공간을 줄이고 냉동실의 공간을 늘린다. • 냉장실 서랍을 개폐식으로 만든다.

〈제품 1〉

제품	문제	개선 방법
종류: 제조사:		

〈제품 2〉

제품	문제	개선 방법
종류: 제조사:		

LESSON 12 불만 제기

학습 목표 • **문법** –을 뿐만 아니라, –도록 하다 • **어휘** 불만 제기 관련 어휘 • **과제** 불만 사항 해결 방법 논의하기

1 다음 어떤 경우에 여러분은 불만을 제기하겠습니까? ✔표 하십시오.

구입한 물건이 잘못 만들어진 제품인 경우	(　　)
직원이 불친절한 경우	(　　)
물건의 가격이 너무 비싼 경우	(　　)
배송이 너무 늦은 경우	(　　)
자신의 부주의로 물건에 문제가 생겼을 경우	(　　)

2 여러분이 경험한 불만 제기 사례에 대해 같이 이야기해 봅시다.

대화

김민수	지난 5월 25일에 주문한 여성용 스웨터 때문에 전화 드렸습니다.
거래처 직원	무슨 문제라도 생겼습니까?
김민수	우리가 주문한 500장 중 150장의 염색이 잘못 됐습니다. 가슴 부분의 무늬가 희미할 뿐만 아니라 색깔이 번져 있습니다.
거래처 직원	죄송합니다. 납기일이 촉박해서 품질 관리에 문제가 생긴 것 같군요. 어떻게 해 드리는 게 좋을까요?
김민수	잘못된 물건은 반품할 테니까 이번 주 안으로 다시 만들어 주세요.
거래처 직원	알겠습니다. 최대한 빨리 만들어서 보내 드리도록 하겠습니다.

본문 어휘

다음을 익히고 (　　　)에 알맞은 단어를 쓰십시오.

염색하다	희미하다	번지다	납기일	촉박하다	반품

1) 흰머리가 많아져서 미장원에 가서 머리를 (　　　　　　　).

2) 시간이 (　　　　　　　) 제대로 준비를 못했습니다.

3) 이번 달 10일이 (　　　　　　　)이니까/니까 그때까지 빨리 물건을 만들어서 보내세요.

4) 슬픈 영화를 보고 눈물을 흘려서 눈화장이 (　　　　　　　).

5) 그 사람을 언제 만났는지 기억이 (　　　　　　　).

6) 인터넷 쇼핑몰에서 주문한 물건을 받았는데 품질에 이상이 있어서 전화로 (　　　　　　　)을/를 부탁했습니다.

관련 어휘

1 다음은 고객 서비스와 관련된 단어입니다. 관계있는 것을 쓰십시오.

환불	수선	교환	요구	수리

고객 센터에서 알려 드립니다.

구입하신 물건이 마음에 들지 않으실 경우에 영수증과 함께 물건을 가지고 오시면 돈을 돌려 드리겠습니다.[1) (   )] 아직 입지 않으신 의류의 경우, 색상이나 사이즈를 바꾸고 싶으시면 7일이내에 언제든지 바꾸실 수 있습니다.[2) (   )] 옷의 사이즈가 작거나 큰 경우에는 몸에 맞게 고쳐 드립니다.[3) (   )] 전기, 전자 제품의 경우에도 문제가 생겼을 경우에 애프터서비스를 요청하시면 고쳐 드립니다.[4) (   )] 저희 고객 센터에서는 손님들이 원하시는 것[5) (   )]을 만족시킬 수 있도록 최선을 다하겠습니다.

2 다음을 익히고 (   )에 알맞은 단어를 쓰십시오.

여성용	전시용　홍보용　업소용　사무용　유아용

1) 이번에 문을 연 식당에서는 식당을 찾은 고객들에게 (   )으로/로 달력을 나눠주고 있다.

2) 이 가구점은 회사에서 사용하는 책상, 의자, 회의용 탁자 등 (   ) 가구만을 취급합니다.

3) 가전제품 대리점에서 (   ) 으로/로 사용했던 제품들을 싼 가격에 팔고 있다.

4) 이 식기는 (   )으로/로 만들어졌기 때문에 크기가 작고 가볍습니다.

5) 가정용 냉장고는 이쪽에 있고 대용량의 (   ) 냉장고는 저쪽에 있습니다.

문법 **다음 대화를 완성하십시오.**

1 -을/ㄹ 뿐만 아니라

1) 가: 그 회사 물건이 잘 팔리는 이유가 뭘까요?
   나: 질이 좋을 뿐만 아니라 판매사원들이 친절하기 때문이지요.

2) 가: 왜 클레임이 들어왔습니까?
   나: 납기일을 지키지 않았을 뿐만 아니라 제품에 문제가 있었다고 합니다.

3) 가: 고객님께서 저희 백화점을 이용하시면서 무엇이 가장 불편하셨습니까?
   나: ....

4) 가: 옷에 무슨 문제가 있습니까?
   나: ....

2 -도록 하다

1) 가: 어제 산 우산인데 잘 펴지지 않아요.
   나: 죄송합니다. 즉시 교환해 드리도록 하겠습니다.

2) 가: 방금 전에 물건을 택배로 받았는데, 물건이 잘못 왔습니다.
   나: 죄송합니다. 확인해 보고 다시 보내드리도록 하겠습니다.

3) 가: 홈페이지 게시판에 질문을 올렸는데 답변을 빨리 안 해주시는 것 같아요.
   나: 불편을 드려서 죄송합니다. ....

4) 가: 언제까지 수선해 주실 수 있습니까?
   나: ....

듣기

I 다음을 듣고 해당되는 답변을 보기에서 골라 번호를 쓰십시오.

(1) 가까운 매장에 애프터서비스를 요청하시면 언제든지 수리를 받으실 수 있습니다. 수리를 받으시고도 계속 문제가 생긴다면 환불받으실 수 있습니다.

(2) 먼저 제품을 신선하게 관리하지 못한 것에 대해 사과드립니다. 언제든지 편하신 시간에 방문하여 주시면 환불해 드리겠습니다. 영수증을 가지고 고객만족센터에서 환불요청을 하시면 됩니다.

(3) 지난번에 말씀드린 것처럼 공장에 문제가 생겨서 뭔가 착오가 생긴 것 같습니다. 부족한 제품은 곧 보내드리고 품질이 좋지 않은 제품에 대해서도 반품 및 환불을 약속드리겠습니다.

듣기 1 (　　　　　)

듣기 2 (　　　　　)

듣기 3 (　　　　　)

읽기

I **다음을 읽고 질문에 답하십시오.**

대부분의 소비자는 제품에 문제가 있을 때 클레임을 제기하지만 거의 다 먹은 쌀을 가지고 와서 맛이 이상하니 바꿔달라거나 자신의 부주의로 제품에 문제가 생긴 경우에도 환불을 요구하는 등 상식 밖의 클레임을 제기하는 소비자들도 있다. 유통업계는 이런 소비자들의 명단을 블랙리스트로 만들어서 대처 방법을 마련하고 있지만 대형마트와 백화점의 '고객 만족주의' 마케팅을 악용하는 소비자들은 계속 늘고 있다.

대형 할인매장, 백화점 등 유통업계에 따르면 무리한 클레임을 제기하는 소비자들이 매년 2~3배씩 증가하고 있으며 인터넷 등에 글을 올리거나, 신문사나 방송국에 알리겠다며 돈을 요구하는 사례도 있다고 한다.

고객 상담실에서 근무하는 김은주 씨는 "고객들이 무리한 요구를 해도 일단 시끄러워지면 기업 이미지에 좋지 않은 영향을 미치므로 가능하면 조용히 해결하고 있다"고 말했다.

일부 소비자가 제기하는 무리한 요구는 다른 소비자들에게도 나쁜 영향을 줄 수 있다. 이러한 소비자의 무리한 요구를 해결하기 위해서 발생하는 비용은 결국 소비자의 부담으로 돌아가기 때문이다.

1. 무엇에 대한 글인지 가장 알맞은 것을 고르십시오. (　　)

❶ 고객 상담실에서 하는 업무

❷ 소비자의 무리한 요구로 인한 문제점

❸ 무리한 요구로 인한 비용 문제

❹ 고객 만족주의 마케팅의 한 방법

2. 맞으면 O표, 틀리면 X표 하십시오.

1) 모든 소비자들은 제품에 문제가 있을 때만 클레임을 제기한다. ( )

2) 유통업계에서는 무리한 요구를 하는 소비자들의 명단을 만들었다. ( )

3) 제품에 큰 문제가 있을 때 신문사나 방송국에서 해결해 준다. ( )

3. 소비자의 무리한 요구는 왜 다른 소비자에게 부담을 줍니까?

과제와 활동

I 다음은 전문가에게 소비자 상담을 하는 편지입니다. 여러분이 전문가라면 사례 2, 3, 4의 상담편지에 대해 어떻게 답변하겠습니까? 팀을 짜서 논의한 후 〈보기 1〉과 같이 메모하고 〈보기 2〉와 같이 써서 발표해 보십시오.

〈사례 1〉

제가 사용하던 컴퓨터를 동생에게 주기로 하고 택배로 보냈습니다. 그러나 며칠이 지나도 택배가 오지 않아 동생이 택배 회사에 확인해 보니 컴퓨터 박스가 분실되었다고 합니다. 택배 회사에 보상을 요구하니 운송장에 금액이 기재되어 있지 않으므로 오십만 원만 보상하겠다고 합니다. 저는 컴퓨터를 팔십만 원에 구입했기 때문에 적정한 보상을 원하고 있습니다.

〈보기 1〉

	상황	논의점	해결안	결정이유
사례 1	택배로 보낸 컴퓨터가 분실되었다.	택배 회사가 얼마를 보상해야 하는가.	택배 회사가 50만 원을 보상한다.	운송장에 컴퓨터의 금액이 적혀 있지 않았다.

〈보기 2〉

〈사례 1에 대한 답변〉

운송장상의 물품명에 '컴퓨터'로만 되어 있었고 금액은 쓰여 있지 않아 분실품의 정확한 가격을 알 수 없는 것으로 확인되었습니다. 소비자가 물품의 구입 가격을 입증하지 못해 오십만 원을 보상받는 것으로 합의되었습니다.

〈사례 2〉

한 달 전에 구입한 셔츠를 제품에 취급 표시되어 있는 대로 가루비누로 손세탁을 했습니다. 하지만 빨래가 마르고 나서 보니 밑단 부분의 색깔이 흐려져 있었습니다. 보상을 받을 수 있을까요?

〈사례 3〉

얼마 전 친구들과 음식점에서 저녁식사를 했는데 그 다음날 오후부터 배가 아프더니 배탈이 났습니다. 다른 친구들에게 확인해 보니 모두 비슷한 증상으로 병원치료를 받고 있습니다. 식중독인 것 같은데 보상받는 방법을 알고 싶습니다.

〈사례 4〉

11박 12일 일정으로 스페인, 지중해 여행을 출발하였습니다. 그런데 현지 도착 2일째부터 음식이 맞지 않아 설사를 하며 탈진 상태에 이르러 병원에서 치료를 받은 후 자비로 귀국하였습니다. 귀국할 때 구입한 항공권과 남은 여행 기간의 경비를 돌려받을 수 있는지요?

	상황	논의점	해결안	결정이유
사례 2				
사례 3				
사례 4				

〈사례 2에 대한 답변〉

〈사례 3에 대한 답변〉

〈사례 4에 대한 답변〉

Ⅱ 여러분의 논의 결과와 실제 해결 방법을 비교해 봅시다.

〈사례 2에 대한 답변〉

동일한 셔츠로 제품에 표시된 세탁방법 대로 시험한 결과, 문제가 발생하지 않아 제품에는 문제가 없는 것으로 나타났습니다. 소비자가 옷을 착용하거나 세탁하는 중에 문제가 발생했을 가능성이 있음을 설명했습니다.

〈사례 3에 대한 답변〉

음식점에서 같이 식사한 친구들도 배탈로 인하여 병원 치료를 받았다면 보상을 받기가 어렵지 않을 것으로 보입니다. 병원에서 진단서를 받아 제출한다면 병원비 및 치료비를 받을 수 있습니다. 또한 식중독으로 일을 하지 못했다면 일을 하지 못한 날짜 동안의 임금도 요청할 수 있습니다.

〈사례 4에 대한 답변〉

개인적인 사정으로 귀국한다면 소비자가 경비를 부담해야 하지만 갑작스러운 병 때문에 여행을 취소할 수밖에 없었으므로 여행사와 사전 협의를 거쳐 귀국한 경우라면 남은 일정 동안의 숙박료, 입장료, 식대 등에 대한 경비를 돌려받을 수 있습니다.

비즈니스 Tip

식사 후에 돈은 누가 내야 할까요?

여러 사람이 같이 식사를 할 때 돈을 내는 방식은 나라마다 조금씩 다릅니다. 한국에서는 남자와 여자가 식사를 할 때는 보통 남자가 내고, 4~5명 정도 모여서 식사를 할 때는 나이가 많은 사람이 내는 경우가 많습니다. 하지만 그때 그때 상황에 따라 경제적으로 여유가 있는 사람이 내기도 합니다. 자신이 먹은 음식에 대해서 각자 지불하는 것을 '더치페이'라고 하는데 더치페이로 식사비용을 해결하는 경우도 있습니다.

직장에서도 직원들끼리 간단하게 식사를 할 때는 직위가 높은 사람이 돈을 내는 경우가 있습니다. 회식을 할 때는 회사에서 나오는 회식비로 해결하지만 회식 이외에 여러 사람이 같이 식사를 할 때는 미리 회비를 걷어서 돈을 내거나, 식사 후에 식사비를 사람 수대로 나누어서 내기도 합니다. 거래처 직원과 식사를 할 때는 더치페이를 하거나 사람 수대로 나누어서 돈을 내는 일은 거의 없습니다. 보통 접대를 해야 하거나 식사 약속을 먼저 한 사람이 냅니다.

한국에서 돈을 낼 때 정해진 규칙은 없지만 특별한 경우가 아니라면 한 사람이 음식값을 냈을 경우 다음 번 만남에서는 다른 사람이 식사비를 부담하는 것이 보통입니다.

MP3

LESSON 13
고객 서비스

학습 목표 • **문법** -고 나서, 사동사 • **어휘** 고객 서비스 관련 어휘 • **과제** 고객 서비스 제공 방법 제안하기

1 고객을 대할 때 제일 중요하다고 생각하는 것부터 순서대로 쓰십시오.

❶ 친절한 말씨 ❷ 빠른 문제 해결
❸ 예의바른 태도 ❹ 회사 · 상품 · 서비스에 대한 풍부한 지식

( ) – ( ) – ( ) – ( )

2 한국과 여러분 나라의 고객 서비스를 비교해서 이야기해 봅시다.

대화

사장 서비스 교육을 실시하고 나서 우리 백화점의 고객 만족도가 어떻게 나왔습니까?

부장 지난 달에 비해서 고객의 서비스 만족도가 많이 높아졌습니다.

사장 우수 직원에게는 포상을 하고 문제가 되는 직원들은 재교육을 받도록 하십시오.

부장 고객이 쇼핑을 하면서 불편한 점을 느끼지 않도록 최선을 다 하겠습니다.

사장 우리 백화점은 쇼핑뿐만 아니라 문화도 즐기는 공간이 되어야 합니다.

부장 지금 옥상에 만들고 있는 하늘공원이 완성되면 여러 가지 공연이나 패션쇼를 기획해서 고객의 만족도를 높일 수 있을 겁니다.

본문 어휘

다음을 익히고 (　　　)에 알맞은 단어를 쓰십시오.

실시하다　고객 만족도　우수 직원　포상　재교육　옥상　기획하다

1) 그 건물 (　　　　　)에 올라가면 서울 시내가 다 보인다.

2) 김철수 씨는 이번 달에 고객들로부터 제일 칭찬을 많이 들은 (　　　　　)으로/로 뽑혔다.

3) 요즘 회사에서 사원들을 위하여 컴퓨터나 외국어 등 업무에 필요한 (　　　　　)을/를 하고 있다.

4) 소방서에서는 일 년에 두 번 각 건물에 대한 안전 검사를 (　　　　　).

5) 총무부에서는 사원들의 사기를 높이기 위해서 여러 가지 행사를 (　　　　　).

6) 각 기업에서는 더 좋은 서비스를 제공하기 위해 (　　　　　)을/를 조사하고 있다.

7) 영수 씨는 판매왕으로 뽑혀서 상금과 함께 일주일 간의 (　　　　　) 휴가를 받았다.

관련 어휘

1 다음은 고객 만족 서비스와 관련된 단어입니다. (   )에 알맞은 단어를 쓰십시오.

무상 보증 기간	서비스 센터	고객 관리	소비자 상담실	출장 서비스

요즘 각 기업에서는 (   )을/를 중요하게 생각하고 있다. 기업의 이익에 많은 영향을 주기 때문이다. 대부분 기업에서는 (   )을/를 두어 소비자의 불만에 귀를 기울이고 있다. 제품에 이상이 생길 경우에는 (   )에서 유료, 무료로 수리 및 수선을 해 준다. 또한 제품을 구매할 경우 (   ) 동안 무료로 애프터서비스를 해 주고 소비자가 원할 경우 기사가 집으로 방문해서 (   )을/를 해 준다.

2 다음을 익히고 (   )에 알맞은 단어를 쓰십시오.

재교육	재방송	재혼	재활용	재회	재건축

1) 페트병, 신문지 등은 (   ) 쓰레기이므로 따로 모아서 버려야 한다.
2) 그 지역에서는 오래되고 낡은 건물을 허물고 (   )을/를 할 계획이다.
3) 주말 연속극을 보지 못했기 때문에 (   ) 시간을 기다리고 있다.
4) 동창회에 나가 오랫동안 보지 못했던 동창들과 10년 만에 (   )했다.
5) 이혼하는 사람들이 많아지면서 (   )하는 사람들도 늘어나고 있다.

문법

1 -고 나서

1) 가: 서비스 교육은 언제 할까요?

나: 근무 시간이 끝나고 나서 다시 이야기 합시다.

2) 가: 중간에 질문을 해도 괜찮은가요?

나: 먼저 발표를 다 듣고 나서 질문을 해주시기 바랍니다.

3) 가: 식사부터 할까요? 회의부터 할까요?

나: ....

4) 가: 최근 매장에 여성 고객이 많아진 것 같습니다.

나: ....

2 사동사

1) 가: 요즘 고객이 줄고 있습니다. 좋은 방법이 없을까요?

나: 고객 서비스의 질을 높이는 것이 제일 중요합니다.

2) 가: 최근 휴게실을 이용하는 고객이 점점 많아지고 있습니다.

나: 그러면 휴게실을 좀 더 넓히고 의자 수를 늘려야겠군요.

3) 가: 어떻게 고쳐 드릴까요?

나: 소매가 기니까 소매길이를 좀 ....

4) 가: 자장가가 뭐예요?

나: ....

듣기

I 다음을 듣고 질문에 답하십시오.

1. 이 회사의 고객만족 경영의 내용과 같은 것은 무엇입니까? (　　)

❶ 회사에서 직원의 서비스에 대해 직접 평가한다.

❷ 서비스가 부족한 직원에게는 특별 교육이 실시된다.

❸ 모든 지점의 직원들은 근무를 마치고 친절교육을 받는다.

❹ 직원들은 서비스교육을 받기 위해 본사를 방문해야 한다.

2. 우수 직원들이 받는 상이 **아닌** 것은 무엇입니까? (　　)

❶ 승진　　❷ 상금　　❸ 휴가　　❹ 재교육

3. '고객의 소리함'은 무엇입니까? (　　)

❶ 고객이 불편사항이나 불만을 적어서 넣을 수 있는 상자

❷ 고객이 원하는 서비스를 적은 책자

❸ 고객의 서비스를 개선하는 고객관리 부서의 이름

❹ 본사에서 실시하는 서비스교육의 내용

읽기

Ⅰ 다음을 읽고 질문에 답하십시오.

프린스 커피점에서는 고객 만족을 위해서 여러 가지 노력을 하고 있다. 직원들에게 한 달에 한 번 서비스 교육을 실시하고 있으며 매장 내에서는 웃으면서 인사하는 스마일 운동을 벌이고 있다. 또한 각 매장의 서비스 상황을 알기 위해 본사 직원이 직접 방문하여 커피 맛과 서비스 등을 조사하고 문제점에 대한 해결책을 찾도록 하고 있다.

1. 고객 만족을 위해 프린스 커피점에서 실시하고 있는 것이 <u>아닌</u> 것은 무엇입니까? (　　)

❶ 직원들에게 한 달에 한 번 서비스 교육을 실시한다.

❷ 웃으면서 인사하는 스마일 운동을 하고 있다.

❸ 매장의 직원들은 커피 맛 개선을 위해 노력한다.

❹ 본사 직원들이 각 매장의 서비스 상황을 조사한다.

Ⅱ 다음을 읽고 질문에 답하십시오.

패밀리 레스토랑에서는 경쟁이 더욱 심해지면서 고객 서비스에 대한 경쟁도 치열해지고 있다. 차례를 기다리는 고객들에게 간단한 음식을 제공하거나 생일을 맞은 손님들에게 직원들이 직접 악기를 연주하며 노래를 불러 주고 케이크를 제공한다.

또한 20~30대 젊은 세대를 위해 인터넷 홈페이지를 통한 온라인 마케팅도 활발히 펼치고 있다. 예쁘게 꾸민 홈페이지에서 할인 쿠폰과 다양한 선물을 주기도 한다.

1. 다음 중 패밀리 레스토랑에서 고객들에게 제공하는 서비스는 무엇입니까? (　　)

❶ 생일을 맞은 고객들에게 무료로 요리를 제공한다.

❷ 홈페이지에서 할인 쿠폰과 다양한 선물을 준다.

❸ 레스토랑에 오는 모든 고객에게 케이크를 준다.

❹ 직원들이 악기를 연주하고 노래를 부르는 콘서트를 연다.

Ⅲ 다음을 읽고 질문에 답하십시오.

고려 호텔은 예약할 때 요청만 하면 공항까지 직접 손님을 모시러 나가는 '손님맞이 서비스'를 시작했다. 또한 공항에 있는 직원들은 고객에게 교통수단을 안내하고 있고 렌터카를 이용할 때는 차 안에 고객이 좋아하는 음악과 잡지 등을 미리 준비해 놓는다.

대한 호텔에서도 고객에게 장미꽃 향의 비누와 샴푸 등을 무료로 제공하고 있다. 이 서비스는 이전에는 VIP에게만 제공했으나 요즘에는 모든 고객들에게 제공된다.

1. 고려 호텔의 서비스 내용과 **맞지 않는** 것을 고르십시오. (　　)

❶ 공항에 있는 직원들이 교통수단을 안내한다.
❷ 고객이 요청하면 공항까지 직접 손님을 모시러 나간다.
❸ 렌터카 안에 고객이 좋아하는 음악과 잡지를 준비해 놓는다.
❹ 공항에서 호텔을 예약할 수 있다.

2. 대한 호텔에서 고객에게 제공하는 것은 무엇입니까? (　　)

❶ 향수　　❷ 목욕용품　　❸ 잡지　　❹ 장미꽃

과제와 활동

Ⅰ 가게, 회사, 기업 중에서 서비스가 제일 우수하다고 생각하는 곳을 말해 봅시다.

업종	회사(가게, 기업) 이름	서비스 내용
호텔		
항공사		
식당		
백화점		
병원		
대형 마트		
의류, 신발매장		
커피 전문점		
화장품 회사		
기타		

Ⅱ 여러분이 경영인이라면 고객에게 어떤 서비스를 제공하겠습니까? 다음 업종 중에서 하나를 골라 발표해 보십시오.

업종	서비스 내용	이유
식당, 커피 전문점, 백화점, 대형 마트, 화장품 회사, 의류 매장, 신발 매장, 학원, 병원, 미용실, 서점, 여행사, 사진관, 미술관, 기타(　　　　)		

MP3

LESSON 14
제품 설명하기

학습 목표 • **문법** 피동사, -는 데다가 • **어휘** 제품 설명 관련 어휘 • **과제** 제품 설명하기

1 제품에 대한 정보를 어떻게 얻습니까? ✓표 하십시오.

인터넷을 통해서 ( )	매장을 방문해서 ( )
친구의 소개로 ( )	신문이나 잡지 등의 광고를 통해서 ( )

2 제품을 살 때 무엇을 중요하게 생각합니까? 순서를 매기고 왜 그렇게 생각하는지 이야기해 봅시다.

❶ 기능	❷ 디자인	❸ 가격	❹ 브랜드
❹ 소비자 평가	❺ 애프터서비스	❻ 유행	

(   ) – (   ) – (   ) – (   ) – (   ) – (   ) – (   )

대화

김민수 비즈니스맨을 위한 휴대폰이 새로 나왔다고 들었는데 어느 제품입니까?

판매자 이게 요즘 제일 잘 팔리는 휴대폰인데 가격대도 괜찮고 디자인이 아주 세련돼서 인기가 좋습니다.

김민수 전자사전 기능도 있나요?

판매자 그럼요. 영어사전을 사용할 수 있는 데다가 이동식 디스크 사용도 가능합니다.

김민수 저는 출장을 자주 가는 편이라 카메라 기능이 있으면 좋겠는데요.

판매자 이 휴대폰에는 600만 화소의 카메라가 내장되어 있고 사진 편집도 할 수 있어서 아주 만족하실 겁니다.

본문 어휘

다음을 익히고 (　　　)에 알맞은 단어를 쓰십시오.

가격대　세련되다　기능　이동식 디스크　화소　내장되다　편집

1) 그 제품은 청소년이 사용하는 제품이어서 비교적 싼 (　　　　　)으로/로 책정되었습니다.

2) 요즘에는 단순하면서도 (　　　　　) 디자인이 인기를 끌고 있습니다.

3) 저는 제품의 디자인도 중요하지만 무엇보다 (　　　　　)이/가 좋아야 한다고 생각합니다.

4) 내 휴대폰에는 MP3기능과 전자사전이 (　　　　　) 편리합니다.

5) 디지털 카메라로 찍은 사진은 내 마음대로 (　　　　　)을/를 할 수 있다.

6) 이 (　　　　　)은/는 용량이 커서 프레젠테이션 자료나 여러 파일을 저장할 수 있습니다.

7) 디지털 카메라는 (　　　　　)이/가 높을수록 사진이 선명해집니다.

관련 어휘

1 **다음은 제품 설명서에서 볼 수 있는 단어들입니다. (   )에 알맞은 단어를 쓰십시오.**

특징	소재	소음	전력 소모	용량

1) 이 운동복은 특수 (   )으로/로 만들어져서 물에 강하며 무게가 가벼워서 편리합니다.

2) 이 청소기는 (   )이/가 적어 시끄럽지 않고 다른 제품과 비교했을 때 (   )이/가 적어서 전기 요금을 절감할 수 있습니다.

3) 이 노트북의 (   )은/는 다른 제품보다 크기가 작아 휴대하기 간편하다는 것입니다.

4) 이 컴퓨터는 요즘 판매되는 컴퓨터 중에서 하드 디스크의 (   )이/가 가장 큽니다.

2 **다음을 익히고 (   )에 알맞은 단어를 쓰십시오.**

내장	내부	내면	내용	내과	내의

1) 이 책의 (   )은/는 초등학생도 알 수 있도록 쉽게 쓰였다.

2) 소화가 안 되거나 배가 아플 때는 (   )에 가야 한다.

3) 겨울에 (   )을/를 입으면 몸이 따뜻하고 별로 춥지 않다.

4) 화재는 건물의 (   )에서 시작되었다.

5) 그 소설은 주인공의 생각이나 마음을 잘 알 수 있는 (   ) 묘사가 훌륭하다.

문법 다음 대화를 완성하십시오.

1 피동사

1) 가: 이번 신제품의 가장 큰 특징은 무엇입니까?
   나: 이전 제품보다 문이 쉽고 안전하게 열리는 것이 제일 큰 특징입니다.

2) 가: 이번에 새로 나온 신상품은 어디에 있습니까?
   나: 진열대의 오른쪽에 놓여 있습니다.

3) 가: 백화점 할인 기간 동안 우리 제품 판매는 어떻게 되었어요?
   나: 거의 다 ....

4) 가: 제품 설명서는 나왔습니까?
   나: 네, 그런데 글씨가 너무 작아서 ....

2 -는/은/ㄴ 데다가

1) 가: 이 제품을 사용해 보신 적이 있으세요?
   나: 네, 있어요. 이건 사용하기 쉬운 데다가 가격까지 싸서 너무 좋아요.

2) 가: 이 제품은 매우 비싸군요.
   나: 최첨단 소재를 사용한 데다가 기능도 다양해서 조금 비쌉니다.

3) 가: 새로 오신 박 이사님은 어떤 분이세요?
   나: ....

4) 가: 이 자동차가 잘 팔리지 않는 이유가 뭐라고 생각하십니까?
   나: ....

듣기

Ⅰ **다음을 듣고 제품에 대한 설명으로 맞는 것을 고르십시오. (　　　)**

듣기 1

❶ 디자인은 다양하지만 가격대는 차이가 없다.

❷ 플라스틱 소재로 만들어서 편안하다.

❸ 기존의 사무용 의자보다 디자인이 좋아졌다.

❹ 고장이 나도 책임지고 수리를 해 준다.

듣기 2

❶ 몸무게가 많이 나가는 사람은 사용할 수 없다.

❷ 디스크나 근육통을 예방할 수 있다.

❸ 밑창이 튼튼하고 단단해서 오래 사용할 수 있다.

❹ 바람을 막아 주는 소재를 사용했다.

듣기 3

❶ 소음이 적지만 전기비가 많이 나온다.

❷ 다양한 온도를 선택할 수 있다.

❸ 다른 제품에 비해 값이 비싼 편이다.

❹ 색상과 디자인에 따라 값이 다르다.

읽기

I 다음을 읽고 질문에 답하십시오.

고객에게 제품에 대한 설명을 할 때 무엇보다 중요한 것은 판매자의 태도입니다. 판매자는 고객이 알고 싶어 하는 것을 쉽고 분명하게 설명해야 합니다. 또한 고객의 시간과 선택을 중요하게 생각하고 고객의 요구에 맞는 설명을 효과적으로 해야 합니다. 고객이 원하는 것을 짧은 시간 안에 효과적으로 설명할 수 있는 판매자는 성공적으로 제품을 판매할 수 있습니다.

ㄱ) **보통 판매자들은 제품에 대한 설명을 할 때 고객이 부정적으로 받아들일 것이라고 생각하기 쉽습니다.** 아무리 열심히 설명해도 소비자가 구매하지 않을 때가 더 많기 때문입니다. 하지만 고객은 자신이 구입을 원하는 제품이 있다면 제품에 대한 설명을 듣는 것을 좋아합니다. 뿐만 아니라 설명을 듣고 필요한 물건이라고 판단하면 망설이지 않고 구입을 결정하기도 합니다.

따라서 판매자가 제일 중요하게 생각해야 할 것은 고객의 구입 의사입니다. 하지만 고객이 제품을 사고 싶어 하는지 제품에 대해 관심이 없는지 알아차리는 것은 생각만큼 쉽지 않은 일입니다. 대부분의 고객들은 물건을 살 마음이 없는데도 판매자가 계속 물건을 팔려고 하거나 설명서를 읽는 것처럼 지루하게 설명을 한다면 짜증이 나고 화가 날 것입니다.

1. 판매자가 제품에 대한 설명을 할 때 주의해야 할 점이 아닌 것은 무엇입니까? (　　)

❶ 고객의 시간과 선택을 중요하게 생각한다.

❷ 고객이 원하는 설명을 효과적으로 해야 한다.

❸ 고객에게 설명서를 자세하게 읽어 준다.

❹ 짧은 시간 안에 고객이 원하는 것을 알려 준다.

2. ㄱ)의 이유는 무엇입니까? 쓰십시오.

3. 맞으면 O표, 틀리면 X표 하십시오.

1) 고객의 구입 의사를 알기란 생각보다 어렵다. (　　)

2) 고객들은 언제나 판매자의 설명을 들으려고 하지 않는다. (　　)

3) 고객이 제품을 구입할 의사가 없어도 긴 설명으로 관심을 끌어야 한다. (　　)

과제와 활동

I 다음 제품에 대해 판매자와 손님이 되어 <보기>와 같이 상황역할극을 해 봅시다.

제품	기능 및 특징	가격대
	• 소음이 적고 가볍다. • 흡입력이 강해 청소가 잘 된다. • 침대나 옷장 아래도 청소할 수 있다. • 디자인이 뛰어나다.	156,000원
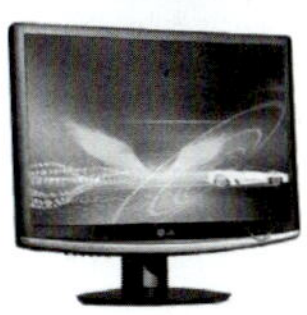	• 화면이 넓어 눈이 피곤하지 않고 편하다. • 동영상이 빠르고 선명하게 재생된다. • 디자인이 세련되고 깔끔하다. • 다른 제품보다 가격이 저렴한 편이다.	260,000원
	• 장거리 등반, 배낭여행용으로 만들었다. • 아주 가벼워서 무게감이 없다. • 특수 소재로 만들어서 튼튼하다. • 허리 벨트가 있어서 가방을 맸을 때 배낭이 흔들리지 않는다.	150,000원
	• 땀을 빨리 흡수하고 방수기능이 있다. • 특수 소재를 사용하여 땀 냄새가 나지 않는다. • 신축성이 있어서 편하고 몸매가 예쁘게 보인다. • 가볍고 보온성이 있어서 따뜻하다.	143,000원

〈보기〉

판매자 무엇을 도와 드릴까요?

손 님 청소기를 하나 구입하려고 하는데요. 지금 쓰고 있는 것은 흡입력이 약해서 청소가 잘 안 돼요.

판매자 이번에 새로 나온 청소기를 보여 드릴까요? 흡입력도 강하고 소음도 적어서 아주 인기가 있습니다.

손 님 가격은 어떻게 되나요?

판매자 156,000원으로 가격도 저렴하고 다른 제품보다 기능도 좋은 편입니다.

손 님 디자인도 아주 예쁘군요.

판매자 그럼요. 이번에 디자인상을 받은 제품이에요. 작고 가벼워서 여기저기 끌고 다니면서 쉽게 청소할 수 있어요.

LESSON 15

업무 전화

학습 목표 • **문법** -었던, 만 -으면 되다 • **어휘** 업무 전화 관련 어휘 • **과제** 업무 관련 전화하기

1 한국의 직장에서 일과 관련된 전화를 할 때 어떤 점이 어렵습니까? ✓표 하십시오.

안부 인사하기 (　　)　존댓말 사용하기 (　　)　메시지 받아 적기 (　　)
호칭 사용하기 (　　)　전화 바꿔 주기 (　　)

2 직장에서 전화를 할 때 한국과 여러분 나라는 다른 점이 있습니까?

대화

신동준　네, 영업부 신동준입니다.
박 실장　안녕하세요? 여기 선우 화장품인데요. 홍지연 과장님 계십니까?
신동준　지금 잠깐 자리 비우셨습니다.
박 실장　지난 번 의뢰하셨던 신상품 디자인 건으로 전화 드렸는데요. 언제쯤 통화가 가능할까요?
신동준　부장님 방에서 회의중이시니까 금방 돌아오실 겁니다.
박 실장　돌아오시는 대로 그린 디자인의 박 실장에게 전화해 달라고 전해 주시겠습니까?
신동준　네, 알겠습니다. 그렇게만 전해 드리면 됩니까?

본문 어휘

다음을 익히고 (   )에 알맞은 단어를 쓰십시오.

비우다	의뢰하다	건	통화	가능하다	전하다

1) 김 과장한테 내일 회의가 연기되었다고 꼭 (   ).

2) 그 문제는 법률과 관계된 문제이니까 변호사에게 (   ) 보십시오.

3) (   )이/가 끝나는 대로 내 방으로 오라고 하십시오.

4) 이 일을 이번 달 안으로 끝내는 게 과연 (   )?

5) 주말에 이사를 갈 테니까 금요일까지 방을 (   ).

6) 사장님은 지금 건물 이전 (   )으로/로 회의중이십니다.

관련 어휘

1 다음을 업무 전화와 관련된 단어입니다. (   )에 알맞은 단어를 쓰십시오.

대표 전화	내선 번호	교환원	자동 안내	직통 전화

큰 회사에 업무로 전화를 걸려고 할 때 (   ) 번호를 모르면 (   )을/를 이용하면 됩니다. 그럴 경우 (   )이/가 전화를 받아 (   )을/를 안내해 주거나 전화를 돌려 줍니다. 회사가 쉬는 날이나 업무 시간이 끝났을 때 전화를 하면 (   )이/가 나옵니다.

2 다음을 익히고 관계있는 것끼리 연결하십시오.

회의중	상담중 휴가중 출장중 통화중 부재중

1) 사장님은 지금 (　　　　　)이십니다. 중국 지사를 돌아보고 모레 귀국하십니다.

2) 부장님은 주문한 제품의 가격을 결정하기 위해 거래처 직원과 회의실에서 (　　　　　)이십니다.

3) 심 과장님은 6월 7일부터 6월 10일까지 회사에 안 나오십니다. (　　　　　)이십니다.

4) 내가 회의를 하는 동안 (　　　　　) 전화가 다섯 통이나 와 있었다.

5) 아까부터 전화를 해도 계속 (　　　　　)이었다.

문법

다음 대화를 완성하십시오.

1 –었던/았던/였던

1) 가: 세종건설입니다. 누굴 찾으십니까?
   나: 지난주에 찾아뵈었던 김인종이라고 합니다. 윤영미 차장님 계십니까?

2) 가: 지금까지 사용했던 가전제품 중에서 어느 회사 제품 품질이 제일 좋았습니까?
   나: 아무래도 한국전자 제품이 제일 좋았던 것 같아요.

3) 가: 저 분은 누구십니까?
   나: ....

4) 가: 오늘 회식은 어디에서 합니까?
   나: ....

2 만 -으면/면 되다

1) 가: 논문 다 쓰셨어요?
   나: 결론 부문만 쓰면 됩니다.

2) 가: 저는 글씨를 잘 못 쓰는데 어떻게 하지요?
   나: 깨끗하게만 쓰면 됩니다.

3) 가: 이 스프는 어떻게 만드는 거예요?
   나: ....

4) 가: 내일 약속장소에 미리 가 있어야 해요?
   나: 아니요, ...

듣기

I **대화의 마지막에 남자가 사용할 표현을 〈보기〉에서 고르십시오.**

대화 1 (　　　　)

대화 2 (　　　　)

〈보기〉

❶ 제가 다시 전화를 하겠습니다.
❷ 돌아오시면 전화 드리라고 할까요?
❸ 그럼 돌아오시면 전화 좀 해 달라고 전해 주시겠습니까?

Ⅱ 다음을 듣고 질문에 답하십시오.

1. 무엇을 부탁하는 전화입니까? (　　)

❶ 사무실을 다른 건물로 옮기는 일

❷ 3층에서 4층으로 사무실을 옮기는 일

❸ 3층의 방들을 한 개의 큰 방으로 만드는 일

❹ 4층 사무실 공사와 인테리어 작업을 하는 일

2. 맞으면 O표, 틀리면 X표 하십시오.

1) 지금 사무실은 4층이다. (　　)

2) 내일 세미나실에서 만나려고 한다. (　　)

3) 3층에는 복도가 있고 양쪽에 방들이 있다. (　　)

4) 지난번 인테리어 공사를 담당한 회사에 전화했다. (　　)

읽기

I 다음을 읽고 질문에 답하십시오.

직장은 사회생활을 하는 곳이므로 전화를 받을 때는 개인적인 전화를 받을 때와는 다른 전화 예절들이 있다. 먼저 수화기를 들면 '삼원 출판사입니다'하는 식으로 회사의 이름을 이야기한다. 대표 전화를 통해서 부서로 걸려온 전화라면 '총무부입니다', '인사과입니다'등, 부서 이름만 이야기해도 관계가 없다. '총무부 김원석입니다'와 같이 부서 이름과 함께 자신의 이름을 이야기해도 좋다.

담당자가 없는데 전화벨이 울리는 경우 자신과 관계가 없다고 해서 전화를 받지 않는 것은 전화를 건 거래처나 소비자에게 불편을 준다. 또한 항상 메모할 준비가 되어 있어야 한다. 업무에 관한 내용을 분명하게 알아야 하고 또 담당자가 없을 경우는 상대방이 전하고 싶어 하는 내용을 잘 전달해야 하기 때문이다. 담당자가 다른 전화를 받고 있다면 친절하게 ㄱ) .... 라고 양해를 구해야 한다. 통화가 길어질 경우 '통화가 길어질 것 같은데 통화가 끝나면 전화를 드리라고 할까요?'라고 하거나 '통화가 길어질 것 같은데 잠시 후에 다시 걸어 주시겠습니까?'라고 해야 한다.

거래처와의 전화, 또는 업무와 관련된 전화를 받을 때에는 일의 연속이므로 분명하고 확실하게 이야기해야 한다. ㄴ) .... 친절하고 예의바른 태도를 잊지 말아야 한다. 업무와 관련된 내용 이외에도 진심에서 나오는 안부인사가 필요하며 전화를 끊을 때에는 '그럼 안녕히 계십시오', '그럼 그때 뵙겠습니다. 안녕히 계십시오.' 등의 끝인사를 하고 상대방이 먼저 전화를 끊도록 하는 것이 좋다.

1. 윗글의 제목으로 맞는 것은? (　　)

❶ 전화를 대신 받을 때의 예절

❷ 직장에서 전화 받을 때의 예절

❸ 전화로 메시지를 남기는 방법

❹ 전화로 소비자를 대하는 바른 태도

2. ㄱ) ....에 가장 적당한 표현은 무엇일까요? (　　)

❶ '지금은 전화를 받을 수 없습니다. 죄송합니다.'

❷ '제가 메시지를 전할 테니 걱정하지 마십시오.'

❸ '나중에 전화를 해 주시는 게 좋을 것 같습니다만...'

❹ '죄송합니다만 지금 통화중이신데 잠깐만 기다려 주시겠습니까?'

3. ㄴ) ....에 가장 적당한 말은 무엇입니까? (　　)

❶ 그래서

❷ 그러므로

❸ 그러니까

❹ 그러면서도

과제와 활동

Ⅰ 업무 전화에서 자주 사용되는 표현을 익히고 ....의 표현을 알맞게 고쳐 보십시오.

관련표현

- 000님 부탁드립니다.
- 전화 바꿨습니다.
- 지금 자리에 안 계신데요. / 지금 잠깐 자리 비우셨습니다.
- 지금 통화중이신데 잠시 기다리시겠습니까?
- 실례지만 어디십니까? / 어디시라고 전해 드릴까요?
- 언제쯤 연락 드리면 될까요? / 언제쯤 통화가 가능할까요?
- 메모 남기시겠습니까? / 전하실 말씀 있으십니까?
- 다시 연락 드리겠습니다.

(신영 디자인의 박수철 씨가 이종옥 전무에게 전화를 했는데 비서가 받는다.)

비서 네, 기획실입니다.

박수철 저... 이종옥 전무님 1)바꿔 주세요.

비서 2)지금 없는데요.

박수철 저는 신영 디자인의 박수철이라고 하는데 3)언제 전화하면 돼요?

비서 30분 쯤 후에 돌아오실 것 같은데 4)하고 싶은 말 있으세요?

박수철 아, 그럼 30분 후에 5)다시 전화할게요.

Ⅱ 다음의 상황에서 한 사람은 전화 거는 사람, 다른 한 사람은 전화 받는 사람이 되어 보기와 같이 만날 약속을 하십시오.

	전화 거는 사람	전화 받는 사람	용건
〈상황 1〉	우림건설 (건설회사) 박영우 부장	영선조명 (조명회사) 심재헌 부장	우림건설에서 아파트를 새로 짓는데 영선조명에 조명 작업을 의뢰하려고 한다.

〈보기〉

인사하기	가: 네, 영선조명입니다. 나: 심재헌 부장님 계십니까? 가: 전데요, 어디십니까? 나: 우림건설 박영우입니다. 가: 아 안녕하십니까?
용건 이야기 하기	나: 심 부장님도 안녕하십니까? 저희가 이번에 용산에 아파트 다섯 개 동을 지으려고 합니다. 그래서 조명 공사를 의뢰하려고 전화드렸습니다. 가: 공사를 시작하는 시기는 어떻게 됩니까? 가: 11월 초가 될 것 같습니다. 가구 수는 300가구이고요. 나: 그럼 저희가 카탈로그를 가지고 찾아뵙도록 하겠습니다.
회의 장소 및 날짜 결정하기	가: 네, 이번 주 목요일에 시간이 가능하신가요? 나: 네. 몇 시쯤 가면 될까요? 가: 목요일 오후 두 시에 3층 회의실로 와 주실 수 있습니까? 나: 네, 그럼 목요일 두 시에 가 뵙도록 하겠습니다.
인사하기	가: 네, 감사합니다. 그럼 그때 뵙겠습니다. 안녕히 계십시오. 나: 네, 안녕히 계십시오.

	전화 거는 사람	전화 받는 사람	용건
상황 2	이지영어학원 (영어 학원) 이원우 원장	하나출판사 (출판사) 서정현 과장	이지영어학원에서 하나출판사에 영어 교재 출판 작업을 의뢰하려고 한다.
상황 3	삼원컴퓨터 (컴퓨터 회사) 허민석 전무	한강인테리어 (인테리어 회사) 김연수 사장	삼원컴퓨터가 강남에 새로 사무실을 내는데 한강인테리어에 실내 인테리어작업을 의뢰하려고 한다.
상황 4	미미핸드백 (핸드백회사) 김형우 부장	삼일산업 (핸드백 공장) 박웅일 사장	미미핸드백에서 중국에 가죽 핸드백을 수출하려고 하는데 삼일산업에 하청을 맡기려고 한다

MP3

LESSON 16
계약

학습 목표 • **문법** 에 비하면, -으니만큼 • **어휘** 계약 관련 어휘 • **과제** 계약하기

1 여러분 나라에서 다음의 계약을 할 때 필요한 것은 무엇입니까? 보기에서 골라 쓰십시오.

〈보기〉 신분증 계약서 도장 계약금 여러 가지 증명서

주택 매매 계약 – (   )

은행 대출 – (   )

보험 계약 – (   )

2 한국에서 다음 중 어떤 계약을 해 보셨습니까? ✔표하고 같이 이야기해 봅시다.

집 매매, 전세, 월세 (   ) 휴대폰 사용 (   ) 인터넷 사용 (   )

자동차 매매 (   ) 기타: ....

대화

이진호	어제 본 원룸아파트가 아주 마음에 드는데 다른 아파트에 비하면 좀 비싼 것 같네요.
부동산 중개인	그래도 보증금 2,000만 원에 월세 80만 원이면 괜찮은 편이에요. 새 아파트이니 만큼 가격을 높게 받으려는 주인들이 많거든요.
이진호	그럼 그 아파트로 해야겠군요. 계약서를 작성할 때 필요한 것은 무엇입니까?
부동산 중개인	신분증하고 도장을 가져오시고 계약금으로 80만 원 정도 준비하시면 됩니다.
이진호	한 달 쯤 후에 이사 날짜를 잡고 싶은데 집주인에게 물어봐 주세요.
부동산 중개인	지금 집이 비어 있으니까 괜찮을 겁니다. 잔금은 이사하는 날 내시면 됩니다.

본문 어휘

다음을 익히고 (   )에 알맞은 단어를 쓰십시오.

보증금　월세　작성하다　계약금　신분증　날짜를 잡다　잔금

1) 요즘 집값이 너무 비싸서 전세나 (   )으로/로 집을 빌리는 사람이 많다.

2) 전세 계약 기간이 끝나면 (   )을/를 돌려받을 수 있다.

3) 여권을 만들 때는 (   ) 서류가 많다.

4) 언제 집들이를 하면 좋을지 (   ).

5) 휴대폰을 살 때는 주민등록증이나 운전면허증과 같은 (   )이/가 필요합니다.

6) 자동차를 구입하시려면 먼저 (   )을/를 내시고 (   )은/는 자동차를 받으실 때 주시면 됩니다.

관련 어휘

1 다음은 여러가지 종류의 계약입니다. 관계있는 것끼리 연결하십시오.

근로계약	무역계약	매매계약	임대차계약

1) 근로계약 •   • 물건을 사고 팔 때 맺는 계약

2) 무역계약 •   • 수출, 수입에 대한 계약

3) 매매계약 •   • 건물, 상가, 아파트 등을 빌릴 때 맺는 계약

4) 임대차계약 •   • 근로자와 사용자 간의 계약

2 다음을 익히고 (　　　)에 알맞은 단어를 쓰십시오.

보증금	상금	중도금	상여금	축의금	조의금

1) 김미현 씨가 한글 말하기 대회에서 1등을 해 (　　　　　　)으로/로 50만 원을 받았다.

2) 친구가 다음 주에 결혼식을 하는데 선물을 고르기가 힘들어서 (　　　　　　)을/를 내기로 했다.

3) 한국에서는 장례식에 참석할 때 유족을 위로하는 뜻에서 (　　　　　　)을/를 낸다.

4) 집을 살 때는 돈을 여러 번 나누어서 내는데 보통 처음에는 계약금, 두 번째는 (　　　　　　)을/를 내고 이사 가는 날 나머지 잔금을 낸다.

5) 올해 우리 영업부의 판매실적이 좋아서 (　　　　　　)을/를 받게 됐다.

문법 다음 대화를 완성하십시오.

1 에 비하면

1) 가: 그 식당을 자주 이용하시는 이유는 무엇입니까?
   나: 가격에 비하면 서비스나 음식 맛이 좋은 편이거든요.

2) 가: 올해 대학졸업자의 취업률이 어떻습니까?
   나: 작년에 비하면 5% 낮아진 것으로 조사되었습니다.

3) 가: 요즘 기름 값이 많이 올랐지요?
   나: ....

4) 가: 우리 회사 제품의 문제점이 무엇이라고 생각하십니까?
   나: ....

2 -으니만큼/니만큼

1) 가: 푸른 은행과의 계약은 어떻게 되어 가고 있습니까?
   나: 회사의 미래가 달린 중요한 계약이니만큼 철저하게 준비하고 있습니다.

2) 가: 조금 더 낮은 가격은 어렵겠습니까?
   나: 최하 가격으로 말씀드린 것이니만큼 가격조정은 조금 어렵겠습니다.

3) 가: 이번에는 김 과장이 차장으로 승진을 해야 할 텐데...
   나: .... 좋은 결과가 있을 겁니다.

4) 가: 그 회사 제품을 믿을 수 있을까요?
   나: ....

듣기

Ⅰ **다음을 듣고 들은 내용과 같은 것을 고르십시오. (　　)**

❶ 여자는 집을 월세로 얻으려고 한다.

❷ 내일 아침 11시에 계약서를 작성할 계획이다.

❸ 새집이어서 도배를 할 필요가 없다.

❹ 부동산 중개소 사무실에서 계약을 할 것이다.

Ⅱ **다음을 듣고 계약취소에 대한 내용으로 맞는 것을 고르십시오. (　　)**

❶ 배송을 받았으면 취소가 안 된다.

❷ 설치하거나 사용했어도 고객이 원하면 취소할 수 있다.

❸ 배송을 받고 계약을 취소하면 왕복 배송비를 내야 한다.

❹ 계약한 후에는 계약을 취소할 수 없다.

Ⅲ **다음을 듣고 들은 내용에 대한 설명으로 맞는 것을 고르십시오. (　　)**

❶ 정수기를 빌리는 가격이 월 4만 원에서 5만 원 정도이다.

❷ 정수기를 설치하는 데 10만 원을 내야 한다.

❸ 1년 사용료를 미리 내면 보증금을 안 내도 된다.

❹ 정수기 모델에 따라 빌리는 요금이 다르다.

읽기

I 다음을 읽고 질문에 답하십시오.

내가 원하는 전세나 월세를 구하기란 그렇게 쉬운 일은 아니다. 하지만 발품을 판다면 가격에 비해 좋은 집을 구할 수도 있다.

집을 구하려면 원하는 지역의 부동산 중개소를 찾아다니며 자신이 생각하는 전세 보증금이나 월세에 맞는 집을 살펴봐야 한다. 가능하면 여러 집을 둘러보는 것이 좋다. 여러 집들의 장단점을 비교한 후 자신에게 제일 적당한 곳으로 정한다. 보통 장단점이 뚜렷한 집보다는 단점 없는 무난한 집이 좋다.

계약을 할 때는 신분증과 도장이 필요하므로 잊지 말고 챙겨야 한다. 계약금은 전체 금액의 10% 정도가 좋으며 계약을 할 때에는 여러 가지를 확인해서 나중에 문제가 없도록 하는 것이 중요하다. 그 집에 세 들어 살고 있는 사람이 있다면 이사 날짜를 맞추어야 한다. 또한 이전의 세입자가 각종 공과금을 냈는지 집주인과 확인한다.

이사 가기 하루 이틀 전에는 집 주인에게 전화를 해서 이사 시간과 사전 약속 사항을 확인해야 한다. 집주인이 도배를 해주기로 했거나 수리를 해주기로 했다면 다시 한 번 확인하는 것이 좋다.

이사하는 날에는 집주인에게 잔금을 주고 영수증을 받는 것이 좋다. 은행으로 돈을 보내야 하는 경우에는 무통장 입금증을 가지고 있어야 한다. 영수증으로 사용할 수 있기 때문이다.

1. 위의 내용에 **없는** 것은 무엇입니까? (   )

❶ 이사할 때 주의사항

❷ 좋은 집 찾는 법

❸ 집 계약 시 주의할 점

❹ 싼 집을 찾는 방법

2. 이사하기 전에 확인해야 될 사항이 <u>아닌</u> 것을 고르십시오. (　　)

❶ 현재 살고 있는 사람의 이사 날짜를 확인한다.
❷ 집주인이 도배나 집수리를 해 줄 수 있는지 확인한다.
❸ 이전의 세입자가 공과금을 다 냈는지 확인한다.
❹ 이전의 세입자가 어디로 이사를 갔는지 확인한다.

3. 맞으면 O표, 틀리면 X표 하십시오.

1) 잔금은 전체 금액의 10%를 내는 것이 보통이다. (　　)
2) 계약을 할 때는 신분증과 도장이 필요하다. (　　)
3) 잔금은 은행을 이용하지 않고 주인에게 직접 전달해야 한다. (　　)

과제와 활동

Ⅰ **두 사람이 판매자와 구매자가 되어 다음 〈보기 1〉과 같이 계약 내용을 정해 봅시다.**

	계약 조건	계약 내용	서비스	계약 해지가 가능한 상황
〈보기 1〉 자동차 계약	• 계약금: 20~30만원	• 인도 물품: 차량 (현성 세도나 II) • 인도일: 12월 5일	• 내비게이션 • 3년 간 무상 보증	자동차 등록을 하기 전에 계약을 취소하는 경우 계약금을 돌려받을 수 있음.
집수리 계약				

결혼식장 계약				
오피스텔 계약				
이사 계약				

Ⅱ 계약 내용에 따라 〈보기 2〉와 같이 상황역할극을 해 봅시다.

〈보기 2〉

구매자 이 세도나 II로 하겠습니다. 계약금은 얼마나 드리면 되죠?

판매자 계약금은 원하시는 만큼 주시면 됩니다. 보통 20~30만 원 정도 내시는 분들이 많습니다.

구매자 혹시 계약을 취소하게 되면 어떻게 됩니까?

판매자 자동차를 등록하기 전에는 취소하셔도 계약금을 돌려받으실 수 있습니다. 하지만 자동차는 가격이 높은 상품이어서 고객님이 취소하시면 저희 영업소에서 여러 가지로 문제가 될 수 있습니다.

구매자 자동차는 언제 받을 수 있지요?

판매자 12월 5일에 공장에서 출고되는 대로 인도받으실 수 있습니다.

구매자 내비게이션을 서비스로 설치해 주시기로 하셨지요?

판매자 네, 맞습니다. 서비스로 해 드리겠습니다. 그리고 3년 동안 무료로 애프터서비스를 해 드립니다.

LESSON 17

신제품 개발

MP3

학습 목표 • **문법** –어서 그런지, –던데요 • **어휘** 신제품 개발 관련 어휘 • **과제** 신제품 개발 발표하기

1 사고 싶은 신제품이 있으면 제품의 이름을 써보십시오. 그 제품을 사고 싶은 이유가 무엇인지 이야기해 보십시오.

의류 및 신발 ( )	전자제품 ( )
자동차 ( )	생활용품 ( )
식품 ( )	

2 여러분은 신제품이 나오면 관심을 가지고 그 제품을 빨리 구입하는 편입니까? 아니면 관심이 없는 편입니까?

대화

사장 지난 달 출시된 남성용 화장품 판매율이 어떻습니까?

부장 요즘 외모도 경쟁력이라고 생각하는 남성들이 늘고 있어서 그런지 판매율이 점점 높아지고 있습니다.

사장 지난번 실시한 설문조사 결과를 보면 남성들의 화장품에 대한 관심이 전보다 많이 높아졌던데요.

부장 남성용 화장품 시장에 대한 전망이 좋아지니까 다른 업체들도 신제품 개발을 계획하고 있다고 합니다.

사장 점점 경쟁이 치열해지겠군요. 중년 남성용 화장품 개발은 어떻게 돼 가고 있습니까?

부장 시험 마케팅 결과 소비자들의 반응이 아주 좋아서 신제품으로 출시해도 좋을 것 같습니다.

본문 어휘

다음을 익히고 (　　　)에 알맞은 단어를 쓰십시오.

출시되다	판매율	전망	업체	반응

1) 지난달에 비해서 우리 회사 제품의 (　　　　　)이/가 5% 떨어졌다.

2) 무역박람회에서는 무역 (　　　　　)들이 모여 제품을 전시하고 정보를 얻는다.

3) 이번에 새로 (　　　　　) 김치냉장고가 주부들에게 인기를 끌고 있다.

4) 새로 나온 자동차는 여성 소비자들로부터 좋은 (　　　　　)을/를 얻고 있다.

5) 전문가들은 기름 값이 올라서 경기가 나빠질 것이라는 (　　　　　) 을/를 내놓고 있다.

관련 어휘

1 다음은 신제품 개발에 관련된 단어입니다. (　　　)에 알맞은 단어를 쓰십시오.

선보이다	출시하다	시제품	개발	제작하다

어제 신제품 (　　　　) 회의에서 김 과장이 초대형 모니터를 만들어 보자는 제안을 했다. 요즘 게임방이 인기를 끌고 있기 때문에 초대형 모니터를 (　　　　)으면/면 잘 팔릴 거라고 했다. 김 과장은 먼저 초대형 모니터의 (　　　　)을/를 만들어서 이번 전자 박람회에서 소비자들에게 (　　　　)는/은/ㄴ 게 좋겠다고 했다. 개발부에서는 소비자와 업계의 반응을 본 뒤 신제품을 (　　　　)기로 했다.

2 다음을 익히고 (　　　)에 알맞은 단어를 쓰십시오.

판매율	성장률	확률	상승률	이혼율

1) 한국은행은 내년도 경제(　　　　)을/를 4.7%로 전망했다.

2) (　　　　)의 증가는 여성의 경제 활동과 적지 않은 관계가 있다.

3) 흡연자가 비흡연자에 비해서 폐질환에 걸릴 (　　　　)이/가 높다는 연구 결과가 있다.

4) 기름 값이 오르면서 생활용품의 소비자 가격이 높은 (　　　　)을/를 보이고 있다.

문법

다음 대화를 완성하십시오.

1 −어서/아서/여서 그런지

1) 가: 신제품을 개발해야 할 것 같습니다.
나: 맞습니다. 경쟁사에서 신제품을 출시해서 그런지 요즘 판매율이 떨어지고 있어요.

2) 가: 집 근처에 있던 빵집이 없어졌어요.
나: 요즘 불경기여서 그런지 문을 닫는 가게가 많다고 해요.

3) 가: 오늘 컨디션이 안 좋아 보이시는데요.
나: .... 좀 피곤하네요.

4) 가: 작년과 달리 아이스크림이 많이 팔리는군요.
나: ....

2 −던데요

1) 가: 새로 만든 직원용 휴게실이 어떻습니까?
나: 공간이 넓고 밝아서 아주 좋던데요.

2) 가: 이번 달 우리 백화점 여성의류 판매율이 어떻습니까?
나: 지난 달 판매율에 비해 5% 올라갔던데요.

3) 가: 이번 신제품 디자인이 어떻습니까?
나: ....

4) 가: 김 대리가 프레젠테이션 준비를 다 끝냈나요?
나: ....

듣기

I **다음을 듣고 질문에 답하십시오.**

1. 신제품 개발 과정의 순서를 쓰십시오.

❶ 시제품 만들기	❷ 아이디어 채택	❸ 가격 결정
❹ 소비자 결정	❺ 판매	

(❷) → ( ) → ( ) → ( ) → ( )

2. 모든 아이디어를 실제 제품으로 만들기 어려운 이유는 무엇입니까? 모두 찾으십시오. ( )

❶ 기술적으로 만들기 어렵기 때문에
❷ 아이디어가 너무 많기 때문에
❸ 개발비용이 너무 많이 필요하기 때문에
❹ 소비자의 요구가 다양하기 때문에

3. 시제품을 만들고 나서 조사할 내용은 무엇입니까? ( )

❶ 시장성
❷ 소비자들의 반응
❸ 제품을 만드는 데에 드는 비용
❹ 제품을 사용할 소비자 그룹

읽기

I 다음을 읽고 질문에 답하십시오.

신제품은 기업의 운명을 바꿀 수 있다. 한 때 1년에 10억 달러 이상의 손해를 보던 애플은 2004년 출시된 MP3플레이어 '아이팟'의 대히트로 부활하였다. 모토로라도 마찬가지다. 슬림휴대폰 '레이저'가 대성공을 거두며 회사를 되살려냈다.

신제품의 성공은 2등 자리에 있던 기업을 1등으로 만들기도 한다. 콜라하면 코카콜라를 연상할 정도로 코카콜라는 오랫동안 음료 시장에서 1등의 자리를 누렸다. 하지만 다이어트 콜라 이후 개발된 신제품이 별로 없었던 코카콜라와 달리 펩시는 스포츠음료, 과일주스 등 고객이 원하는 건강음료를 내놓으면서 성공을 거두었다. 2등이었던 펩시가 1등이 된 것이다.

그러나 신제품이 모두 성공하는 것은 아니다. 오히려 실패하는 경우가 더 많다. 신제품이 시장에서 실패하는 이유는 너무나 간단하다. 고객이 원하는 것을 제공해 주지 못하거나 시장 조사를 잘못했기 때문이다.

한 전자사전 업체는 5개 언어에 대한 정보를 제공하는 새 전자사전을 개발했으나 발음을 음성으로 들려주는 기능을 제공하지 않아 소비자들로부터 외면을 당했다. 또 한 예로 어느 맥주회사는 살이 찔 것을 두려워하는 여성을 위해 저칼로리 맥주를 출시했으나 시장의 크기가 너무 작아서 실패한 적이 있다.

중요한 것은 시장의 크기를 잘 파악하고 고객의 관점에서 신제품을 개발해야 한다는 것이다. 고객이 원하는 것을 만족시키는 신제품만이 기업을 성공으로 이끌 수 있다.

1. 다음 중 신제품 개발에 성공한 기업이 <u>아닌</u> 것을 고르십시오. (　　　)

❶ 펩시　❷ 애플　❸ 코카콜라　❹ 모토로라

2. 맞으면 O표, 틀리면 X표 하십시오.

1) 펩시는 다이어트 콜라를 개발하여 코카콜라를 이겼다. (   )

2) 저 칼로리 맥주의 실패는 그 맥주를 구입하는 소비자가 많지 않았기 때문이다. (   )

3) 2등 기업이 1등 기업이 된 것은 광고의 효과였다. (   )

3. 신제품을 개발할 때 중요한 것 두 가지를 쓰십시오.

과제와 활동

Ⅰ **팀을 만들어 〈보기〉와 같이 신제품 개발 아이디어를 정리해 봅시다.**

〈보기〉

제품	청소 로봇
개발목적	• 주부들이나 독신자들의 집안일을 덜어주기 위해 청소하는 로봇을 개발한다.
제품명	• 클린 로봇
대상	• 주부, 독신자
기능 및 디자인	• 먼지흡입과 물걸레청소가 가능 • 청소시간 예약 가능 • 세련되고 심플한 디자인
가격대	• 30~40만 원대

제품	
개발목적	
제품명	
대상	
기능 및 디자인	
가격대	

Ⅱ 팀별로 위의 신제품을 소개하십시오. 발표를 들은 후에 아래 표에 ✓ 표하고 각 팀의 신제품에 대해 평가하십시오.

(5: 매우 그렇다 4: 그렇다 3: 보통이다 2: 별로 그렇지 않다 1: 전혀 그렇지 않다)

질문	신제품 1	신제품 2	신제품 3	신제품 4	신제품 5
1. 이 제품은 다른 제품에 비해 특별한 장점이 있다고 생각하십니까?	5 4 3 2 1	5 4 3 2 1	5 4 3 2 1	5 4 3 2 1	5 4 3 2 1
2. 이 제품의 가격은 적당하다고 생각하십니까?	5 4 3 2 1	5 4 3 2 1	5 4 3 2 1	5 4 3 2 1	5 4 3 2 1
3. 이 제품을 구입하고 싶습니까?	5 4 3 2 1	5 4 3 2 1	5 4 3 2 1	5 4 3 2 1	5 4 3 2 1
4. 이 제품이 잘 팔릴 것 같습니까?	5 4 3 2 1	5 4 3 2 1	5 4 3 2 1	5 4 3 2 1	5 4 3 2 1
총점					

MP3

LESSON 18

광고

학습 목표 • **문법** -으므로, -기에는 • **어휘** 광고와 관련된 어휘 익히기 • **과제** 광고 기획하기

1 기억에 남는 광고가 있습니까? 왜 그 광고가 기억에 남습니까?

2 한국의 광고와 여러분 나라의 광고를 비교해 보십시오. 어떤 차이가 있습니까?

대화

과장 이번 신제품 광고의 방향은 어떻게 잡아야 할까요?

부장 까다로운 소비자의 요구에 맞춘 고가의 제품이므로 고급스럽게 가야할 것 같습니다.

과장 이 제품의 이미지와 맞는 모델로 누가 좋을까요?

부장 요즘 광고주들이 가장 좋아하는 모델이 이미영 씨라는데 이미영 씨는 어떻습니까?

과장 이번 상품의 모델로 내세우기에는 너무 화려하지 않을까요? 좀 더 단정하고 고급스러운 이미지를 가진 모델이 좋을 것 같은데요.

부장 그럼 모델 선정 문제는 시간을 두고 좀 더 생각해 봅시다.

본문 어휘

다음을 익히고 (　　　)에 알맞은 단어를 쓰십시오.

까다롭다	고가	선정	광고주	내세우다

1) 광고회사에서 선택한 모델이 (　　　　　　　)이/가 원하는 모델과 다른 경우가 있다.

2) 우리 회사가 이번 월드컵 공식 후원업체로 (　　　　　　　)되었다.

3) 그 분은 취향이 (　　　　　　　) 선물을 고르기가 아주 힘들다.

4) 요즘 (　　　　　　　)의 수입자동차가 잘 팔리는 이유는 세금이 내렸기 때문이다.

5) 노래자랑 대회에서 우리 부서는 대표로 이상원 씨를 (　　　　　　　).

관련 어휘

1 **다음은 광고와 관련된 단어입니다. (　　　)에 알맞은 단어를 쓰십시오.**

광고 효과	광고를 의뢰하다	광고를 내다	광고를 싣다	광고 문구

기업은 상품의 판매를 위해 광고를 잘 만들어야 한다. 이때 전문적으로 광고를 만들어 주는 광고회사에 (　　　　　　　). 광고는 텔레비전에 나가기도 하고 라디오 또는 신문을 통해 나가기도 한다. 라디오에 (　　　　　　　)거나 신문에 (　　　　　　　)는 경우는 광고비용이 텔레비전보다 적게 든다. (　　　　　　　)을/를 높이기 위해서는 영상도 중요하지만 (　　　　　　　)도 큰 역할을 하는 경우가 많다.

2 다음을 익히고 (　　　)에 알맞은 단어를 쓰십시오.

고가/저가	고급/저급　고층/저층　고임금/저임금　고비용/저비용

1) 아직도 많은 근무시간과 (　　　　　　　　)으로/로 고생하는 노동자들이 있다.

2) 자동차를 좋은 상태로 유지하려면 (　　　　　　　　) 휘발유를 넣어야 한다.

3) 회사마다 (　　　　　　　　) 문제를 해결하기 위해서 구조조정을 하기 시작했다.

4) 그 동네에는 20층, 25층 짜리 (　　　　　　　　) 아파트가 많이 들어서 있다.

문법 다음 대화를 완성하십시오.

1 -으므로/므로

1) 가: 그 회사 제품이 잘 팔리는 이유가 뭐라고 생각하세요?
   나: 다른 회사 제품보다 디자인이 뛰어나므로 많은 인기를 끌고 있는 것 같습니다.

2) 가: 이 프로젝트를 성공시키기 위해 여러 부서에서 노력하고 있어요.
   나: 특히 이번 프로젝트는 사장님이 관심을 많이 가지고 계시므로 더 신경써야 합니다.

3) 가: 외국인과 대화할 때 주의할 것엔 어떤 것들이 있을까요?
   나: 너무 개인적인 질문을 하면 ....

4) 가: 유가가 많이 올랐는데 앞으로 경제가 어떻게 될 것 같습니까?
   나: ....

2 -기에는

1) 가: 신입사원 연수를 제주도에서 하면 어떨까요?
   나: 제주도에서 하기에는 예산이 좀 부족할 것 같습니다.

2) 가: 신제품 광고는 제게 맡겨주십시오.
   나: 김 대리 혼자 맡기에는 너무 큰 광고인 것 같은데요.

3) 가: 계획을 처음부터 다시 짜는 게 좋을 것 같은데요.
   나: .... 기에는 시간이 모자라지 않아요?

4) 가: 아이들을 위한 주니어 햄버거를 판매하려고 하는데 크기는 이 정도면 될까요?
   나: ....

듣기

I 다음을 듣고 무슨 광고인지 써 보십시오.

광고 1	상품 이름: 상품 종류: 상품 특징:
광고 2	상품 이름: 상품 종류: 상품 특징:
광고 3	상품 이름: 상품 종류: 상품 특징:

읽기

I **다음을 읽고 질문에 답하십시오.**

오랜 시간이 지나도 대중들의 기억에 계속 남아 있는 광고가 있다. 인상적인 장면, 멋있는 광고 카피, 유명한 모델, 재미있거나 감동적인 내용 등등 우리가 광고를 기억하는 이유들은 다양하다. 그러나 이러한 광고들이 모두 성공한 광고일까? 이들은 잘 만든 광고일지는 몰라도 모두가 성공한 광고는 아니다. 많은 기업들이 큰돈을 투자해서 광고를 하는 가장 큰 목적은 판매율을 높이는 것이다. 따라서 성공한 광고는 결과적으로 제품을 많이 팔게 만들어준 광고라고 할 수 있다.

광고는 소비자의 마음을 흔들어서 그 상품을 사도록 만들어야 한다. 소비자의 마음을 움직이는 광고는 어떤 광고일까? 소비자의 마음을 움직이기 위한 방법으로 한 광고 전문가는 다음과 같은 것들을 제시한다. 먼저, 진심이 담긴 광고이다. 진심을 담으려면 자신이 평소에 느낀 것을 기초로 해서 광고를 만들어야 한다. 진심이 담긴 광고는 소비자들의 공감을 불러 일으키게 마련이다.

둘째, 광고의 메시지가 단순해야 한다. 복잡한 세상, 생각해야 할 것들로 이미 머리가 꽉 찬 소비자들은 복잡한 것보다는 단순한 것을 좋아한다. 욕심 때문에 하나의 광고에 이것저것 좋은 메시지들을 다 넣으려고 하거나 상품의 좋은 점들을 하나하나 소비자에게 가르치려고 한다면 소비자의 관심을 끌기가 어렵다.

마지막으로 독특하고 개성이 있는 광고여야 한다. 비슷비슷한 모델, 비슷비슷한 영상, 비슷비슷한 내용과 카피는 소비자를 지루하게 만들 뿐이며 또한 소비자가 상품을 기억하기도 힘들다.

1. 우리가 잘 만든 광고로 기억하고 있는 이유로 **맞지 않는** 것은? (　　　)

❶ 장면이 인상적이었다.

❷ 문구가 멋있었다.

❸ 상품 설명이 친절했다.

❹ 감동적이었다.

2. 성공한 광고란 결국 어떤 것입니까?

3. 맞으면 O표, 틀리면 X표 하십시오.

1) 오래 기억에 남는 광고가 성공적인 광고이다. (　　)

2) 독특한 광고는 소비자에게 친근감을 주지 않아 성공하기 힘들다. (　　)

3) 하나의 광고에 다양한 메시지를 담는 것은 바람직하지 않다. (　　)

과제와 활동

I 팀을 만들어 아래의 여러 상품 중 하나를 골라 〈보기 1〉과 같이 광고를 기획해 보십시오.

- 상품 이름: 진주 샴푸
- 상품 종류: 샴푸
- 소비자층: 20~30대 젊은 남녀
- 특징 및 기능: 머릿결을 좋게 한다.

〈보기 1〉

가 : 제품 이름이 진주 샴푸이니까 반짝반짝 빛나는 머릿결을 보여줘야 합니다.

나 : 모델은 젊은 여성이 좋을 것 같습니다. 머리가 길고 섹시한 느낌을 가진 모델이 좋겠습니다. 남자모델은 없어도 될 것 같은데요.

다 : 스토리가 있는 광고보다는 이미지를 강조하는 광고를 만들겠습니다.

라 : 제 생각에는 기존의 샴푸광고와는 좀 다르게 만들어야 한다고 봅니다. 머릿결에 신경을 쓰는 세대는 신세대입니다. 섹시한 느낌보다는 세련된 느낌이 좋을 것 같습니다.

	• 상품 이름: 에디슨 우유 • 상품 종류: 우유 • 소비자층: 어린이 • 특징 및 기능: DHA가 들어있다. DHA는 IQ에 관계되는 중요한 역할을 한다.
	• 상품 이름: 찬이슬 • 상품 종류: 소주 • 소비자층: 20~50대 직장인 • 특징 및 기능: 맛이 부드럽고 깨끗하다.
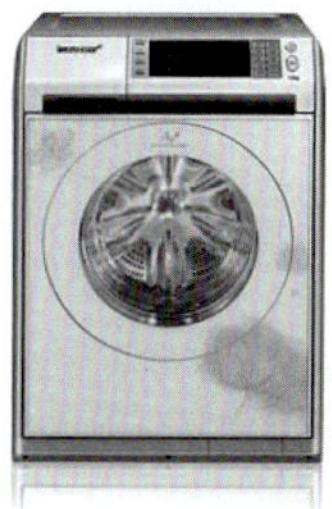	• 상품 이름: 스팀매직 • 상품 종류: 세탁기 • 소비자층: 40~50대 주부 • 특징 및 기능: 삶기, 예약 세탁, 스팀세탁. 알레르기를 유발하는 세균을 없애준다.
	• 상품 이름: 이글 • 상품 종류: 자동차 • 소비자층: 20~30대 남녀 • 특징 및 기능: 디자인이 역동적이다. 실내가 높고 차폭이 넓다. 빠른 속도로 달려도 흔들림이 적다.
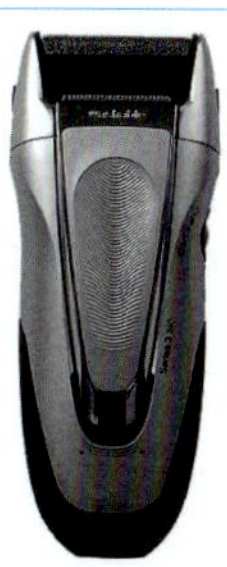	• 상품 이름: 크라운 컨투어 • 상품 종류: 면도기 • 소비자층: 20~30대 남성 • 특징 및 기능: 세척이 편하다. 얼굴 곡선에 따라서 수염을 부드럽게 깎아준다.

Ⅱ 결정된 사항을 〈보기 2〉와 같이 표로 정리해 보십시오.

〈보기 2〉

광고 분위기	섹시한 분위기
모델	영화배우 전지영
광고 문구	“당신의 머리에 진주가 반짝인다.”
광고 장면 / 스토리	머릿결이 반짝이는 여자가 걸어가면 주위 사람들이 쳐다본다.

광고 분위기	
모델	
광고 문구	
광고 장면 / 스토리	

MP3

LESSON 19
홈쇼핑

학습 목표 • **문법** -는데도, -었던 것보다 • **어휘** 홈쇼핑 관련 어휘 • **과제** 홈쇼핑 판매 시간 편성하기

1 홈쇼핑, 온라인 쇼핑을 자주 이용하시는 편입니까? 홈쇼핑이나 온라인 쇼핑을 통해 어떤 물건을 구입하는지 ✔표 하십시오.

의류 ( )	식품 ( )
가전제품 ( )	스포츠용품 ( )
여행 상품 ( )	문화 상품(공연, 연극, 영화…) ( )
기타 :	

2 여러분 나라에서는 홈쇼핑, 온라인 쇼핑몰에서 많이 팔리는 물건이 무엇입니까?

대화

사장 이번에 우리 회사가 홈쇼핑 업계에서 매출 2위를 했습니다. 생각했던 것보다 결과가 좋아서 다행입니다.

부장 화장품이나 주방기구가 높은 판매율을 기록한 걸 보면 역시 3, 40대 여성들의 구매력이 높은 것 같습니다.

사장 반품 처리나 애프터서비스를 잘 해 준다는 입소문도 도움이 되었습니다.

부장 하지만 남성용품은 많은 신경을 썼는데도 매출에는 큰 변화가 없었습니다.

사장 이제 곧 휴가철이니까 남성들의 레저용품 구매를 늘릴 수 있는 방법을 생각해봐야겠군요.

부장 남성용품이나 레저용품을 주말 황금시간대에 편성하는 것도 한 방법이 될 것 같습니다.

본문 어휘

다음을 익히고 (　　　)에 알맞은 단어를 쓰십시오.

매출	구매력	레저용품	황금시간대	편성하다

1) 휴가철에는 텐트, 침낭과 같은 (　　　　　)이/가 잘 팔린다.

2) 텔레비전 시청 시간 중 시청률이 제일 높은 시간을 (　　　　　)이라/라고 한다.

3) 건강에 대한 관심이 증가하면서 건강 관련 상품의 (　　　　　)도 상승하고 있다.

4) 방송국에서는 아이들이 보는 만화영화를 보통 오후시간대에 (　　　　　).

5) 각 백화점에서는 (　　　　　)이/가 높은 VIP 소비자들을 특별 관리하고 있다.

관련 어휘

1 **다음은 홈쇼핑에 관련된 단어입니다. (　　　)에 알맞은 단어를 쓰십시오.**

상담원	결제	쇼호스트	자동 주문	무이자 할부	선착순

저는 (　　　　　　) 김명희입니다. 오늘 여러분께 소개해 드릴 제품은 프로젝션 TV입니다. 이 시간부터 먼저 주문하시는 50분께 (　　　　　　)으로/로 디지털카메라를 사은품으로 드리도록 하겠습니다. (　　　　　　)은/는 10개월간 (　　　　　　)으로/로 하실 수 있습니다. 제품에 대해 문의하고 싶으신 분은 상담전화를 이용하시면 (　　　　　　)으로부터/로부터 자세한 설명을 들으실 수 있습니다. 지금 준비한 수량이 얼마 남지 않았는데요. 마감되기 전에 서두르시기 바랍니다. ARS (　　　　　　)을/를 이용하시면 2,000원이 추가 할인 됩니다.

2 **다음을 익히고 (　　　)에 알맞은 단어를 쓰십시오.**

구매력	경제력	자금력	영향력	잠재력

1) 결혼 조건으로 신랑감의 재산이나 연봉 등 (　　　　　　)을/를 중요하게 생각하는 여성들이 늘고 있다.

2) 제품을 더 많이 만들기 위해 공장을 지어야 하는데 회사의 (　　　　　　)이/가 문제입니다.

3) 그 회사는 3년 밖에 안 됐지만 신기술을 가지고 있어서 앞으로 큰 회사로 발전할 (　　　　　　)이/가 충분하다고 봅니다.

4) 텔레비전 광고가 소비자의 제품 선택에 미치는 (　　　　　　)이/가 큰 것으로 나타났다.

문법 다음 대화를 완성하십시오.

1 -는데도, 은데도/ㄴ데도

1) 가: 요즘 입사 경쟁률이 아주 높다고 들었어요.
   나: 제가 아는 후배는 실력이 좋은데도 입사 시험에서 두 번이나 떨어졌어요.

2) 가: 김 대리님이 요즘 우울해 보여요.
   나: 그동안 열심히 일을 했는데도 승진이 되지 않아서 그래요.

3) 가: 그 건설회사에서 지은 아파트가 주부들 사이에 인기래요.
   나: ....

4) 가: 컴퓨터가 고장났다면서요? 고쳤어요?
   나: ....

2 -었던/았던/였던 것보다

1) 가: 올해 새로 나온 자동차에 대한 소비자 반응이 어떻습니까?
   나: 기대했던 것보다 반응이 좋아요.

2) 가: 봉사활동을 통해서 무엇을 배웠나요?
   나: 제가 지금까지 학교에서 배웠던 것보다 더 많은 것을 배웠어요.

3) 가: 고객님, 구매하신 물건은 마음에 드시는지요?
   나: ....

4) 가: 2시부터 3시까지 방송된 상품은 많이 팔렸습니까?
   나: ....

듣기

Ⅰ **다음을 듣고 질문에 답하십시오.**

1. 레이디스 클럽이 판매 1위를 차지한 이유로 맞는 것은 무엇입니까? (　　)

❶ 주부들이 TV를 많이 보는 저녁시간대에 판매방송을 했다.

❷ 판매율을 높이기 위해 광고를 많이 했다.

❸ 고객서비스에 신경을 많이 썼다.

❹ 고가의 제품을 할인된 가격으로 팔았다.

2. 홈쇼핑 판매에서 제일 어려운 점은 무엇입니까? (　　)

❶ 반품이나 환불을 해 달라는 요청이 많다.

❷ 짧은 시간 안에 판매를 해야 한다.

❸ 매장보다 판매량이 적다.

❹ 입소문을 많이 탄다.

3. 맞으면 O표, 틀리면 X표 하십시오.

1) 레이디스 클럽에서 20~30대 여성을 위해 만든 여성의류가 판매 1위를 했다. (　　)

2) 홈쇼핑을 통해 대량 판매가 가능하다. (　　)

3) 주부들이 홈쇼핑을 많이 하는 시간은 오전 11시이다. (　　)

읽기

I 다음을 읽고 질문에 답하십시오.

홈쇼핑은 소비자를 직접 대하지 않고 화면상에서 판매를 하기 때문에 여러 가지 어려움이 있습니다. 짧은 시간 동안 시청자의 마음을 움직여 주문 전화를 하도록 해야 하기 때문에 판매시간대를 잘 편성해야 합니다.

시청자의 생활 패턴에 따라 시간대별 상품을 배치하고, 홈쇼핑에 오래 잡아두기 위해 현재 시간을 알리지 않는 등의 전략이 가장 중요합니다.

오전 6시부터 8시까지의 아침 시간대에는 새벽잠이 없는 노인들을 상대로 노인용품과 건강용품을 판매하고, 오전 9시 이후에는 남편과 자녀가 나가고 주부들이 자기 시간을 가질 수 있는 시간대이기 때문에 여성의류, 미용품, 보석 등 여성 관련 상품을 집중 판매합니다.

오후 3~4시에는 주방용품과 소형 가전제품, 4~5시에는 식품에 초점을 맞춥니다. 값이 비싼 디지털카메라, TV, 캠코더 등은 가족들이 서로 의논해서 결정해야 하기 때문에 저녁 8~9시 이후에 방영합니다.

심야시간대는 늦게까지 잠을 안 자는 올빼미족을 대상으로 인기 있는 음악 CD모음집이나 DVD 모음집 등을 편성합니다.

홈쇼핑에서는 음악을 이용하는 것도 판매전략 중의 하나입니다. 상품의 성격에 맞는 음악을 이용하면 소비자의 구매심리를 자극할 수 있기 때문입니다. 효도상품이나 건강식품은 트로트 가요, 컴퓨터나 레포츠 상품은 테크노 음악, 주부를 대상으로 한 상품은 잔잔한 클래식을 내보내는 등 고객층과 시간 및 날씨 등에 맞춰 다양한 곡을 내보냅니다.

1. 홈쇼핑의 판매 시간 편성에 대해 **맞지 않는** 것을 고르십시오. (　　　)

❶ 노인들을 대상으로 한 상품은 오전 6시에서 8시 사이에 판매한다.

❷ 오전 9시 이후에는 여성의류, 미용품, 보석 등을 판매한다.

❸ 오후 3~4시에는 주방용품과 소형 가전제품을 판매한다.

❹ 가족들이 모두 모이는 저녁 6시에는 TV, 디지털카메라 등을 판매한다.

2. 다음 홈쇼핑에서 사용하는 음악과 관계있는 것을 줄로 연결하십시오.

1) 트로트 가요	•	• 보석
2) 테크노 음악	•	• 레저 용품
3) 클래식 음악	•	• 인삼차

3. 다음은 홈쇼핑의 판매 전략입니다. 맞으면 O표, 틀리면 X표 하십시오.

1) 지금 몇 시인지 시간을 알리지 않는다. (   )

2) 시청자의 생활대에 따라 상품 판매 시간대를 정한다. (   )

3) 홈쇼핑 배경음악으로 가장 최근에 유행하는 음악을 사용한다. (   )

과제와 활동

I **짝을 지어 〈보기〉와 같이 다음 상품에 대한 홈쇼핑 판매 시간 편성표를 짠 후 발표해 보십시오.**

- 건강용품 (홍삼음료, 안마의자)
- 패션잡화 (핸드백, 구두,)
- 속옷
- 화장품, 생활용품, 침구류
- 보석, 패션명품
- 주방용품, 식품
- 컴퓨터, 대형가전, 디지털 가전제품
- 레포츠용품
- 가구
- 김치냉장고, 냉장고, 소형가전, 주방용
- 가전제품
- 의류
- 아동용품, 아동서적, 유아용품 (기저귀, 분유, 장난감)
- 보험
- CD, DVD 모음집
- 여행상품

시간대	제품	장면	음악	편성이유
〈보기〉 새벽	건강용품	할아버지, 할머니와 손자, 손녀들이 다정하게 이야기하는 모습. 할아버지, 할머니가 건강음료를 마시고 있다.	트로트 가요	아침잠이 없는 노인들이 주로 새벽시간대에 TV를 많이 시청하기 때문
오전				
오후				
저녁				
심야				

LESSON 20

시장조사

MP3

학습 목표 • **문법** -을 줄 몰랐다, -더니 • **어휘** 시장조사 관련 어휘 • **과제** 시장조사 내용 제안하기

1 다음의 그래프를 보고 국내 MP3 플레이어 시장에 대해서 말해 봅시다.

국내 MP3 플레이어 시장점유율(%)

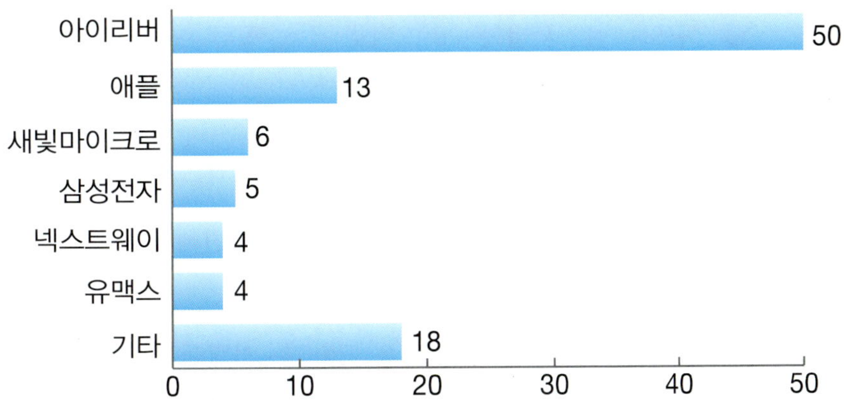

2 어떤 경우에 시장조사를 해야 하는지 말해 봅시다.

대화

부장 건강음료에 대한 시장조사는 어떻게 되었습니까?

과장 건강음료의 시장 규모가 이렇게 클 줄 몰랐습니다. 생각했던 것보다 건강음료의 종류가 훨씬 많고 경쟁도 치열합니다.

부장 그러니까 차별화된 음료를 만들어서 다양해진 소비자의 기호를 만족시켜야겠지요.

과장 변화의 속도도 빠릅니다. 얼마 전까지 과일 음료가 유행하더니 요즘은 곡류로 만든 음료가 인기입니다.

부장 시장이 어떻게 변하고 있는지 빨리 알아내는 것이 중요하겠군요.

과장 네, 선진국의 시장 조사를 통해서 국내 시장의 변화를 예측할 필요가 있습니다.

본문 어휘

다음을 익히고 ( )에 알맞은 단어를 쓰십시오.

규모	차별화	기호	곡류	알아내다	예측하다

1) 사회변화의 속도가 너무 빨라서 미래사회의 모습을 ( ) 어렵다.

2) 주택에 대한 소비자들의 ( )가 변해서 요즘은 전통 한옥이 인기를 끌고 있다.

3) 인터넷을 통해 무료로 음악을 내려받는 사람들이 많아서 음반시장의 ( ) 이/가 줄어 들고 있다.

4) 여성 의류를 만드는 회사가 많기 때문에 ( )된 전략이 필요하다.

5) ( )을/를 이용한 식품으로는 떡, 국수, 빵 등이 있다.

6) 경쟁사에 누가 우리 회사 비밀을 팔았는지 드디어 ( ).

관련 어휘

1 **다음은 시장조사에 관련된 단어입니다. (   )에 알맞은 단어를 쓰십시오.**

시장성	시장 점유율	전망	성장	독점

1) 한 기업이 특정 시장을 (   )하는 경우에는 정부의 규제를 받는다.

2) 외로움을 달래기 위해 애완동물을 키우는 사람들이 점점 더 많아질 것이기 때문에 애완동물과 관련된 직업은 (   )이/가 좋다.

3) 라면 시장에서 우리 제품의(   )은/는 17%입니다.

4) 매출이 매년 5% 이상 (   )하고 있다.

5) 이번 신제품은 가격이 비싸지 않고 현대인에게 필요한 물건이므로 (   )이/가 있습니다.

2 **다음을 익히고 (   )에 알맞은 단어를 쓰십시오.**

차별화	온난화	대중화	고급화	자동화

1) 한국에서 컴퓨터는 이제 (   )이/가 되어서 누구든지 컴퓨터를 쉽게 접할 수 있다.

2) 환경오염으로 지구의 (   )이/가 심화되고 있다.

3) 부유층 소비자를 겨냥하여 디자인과 품질을 (   )한 제품이 출시되었다.

4) 생산과정을 (   )하면 생산비를 줄일 수 있을 겁니다.

문법

다음 대화를 완성하십시오.

1 –을/ㄹ 줄 몰랐다

1) 가: 환절기 때는 매출이 많이 떨어진다고요?
   나: 네, 우리 제품이 날씨에 이렇게 많은 영향을 받을 줄 몰랐어요.

2) 가: 우리 제품과 비슷한 상품을 다른 회사에서 먼저 출시했다면서요?
   나: 정말 큰일입니다. 우리 제품과 비슷한 것을 만들 줄 몰랐어요.

3) 가: 맵지 않은 라면의 매출이 생각보다 높다고 들었습니다.
   나: ....

4) 가: 옛날 패션이 다시 유행이라면서요?
   나: ....

2 –더니

1) 가: 요즘 시장분석 보고서 때문에 매일 야근하셔서 힘드시죠?
   나: 네, 초반엔 며칠 밤을 새워도 괜찮더니 요즘엔 정말 피곤하네요.

2) 가: 개발부에서 신제품을 만들었다면서요?
   나: 네, 연구원들이 일 년 내내 실험을 하더니 깜짝 놀랄 만한 신제품을 개발했대요.

3) 가: 올해는 맥주보다 소주가 많이 팔린대요.
   나: ....

4) 가: 영수 씨가 드디어 부장으로 승진했다고 들었어요.
   나: ....

듣기

I **다음을 듣고 질문에 답하십시오.**

1. 어떤 상품에 대한 이야기 입니까?

2. 이 상품의 개발 배경이 **아닌** 것은 무엇입니까? (　　)

❶ 결혼을 하지 않는 사람들이 늘어났다.

❷ 여가생활을 즐기는 사람들이 많아지고 있다.

❸ 남편과 부인이 같이 돈을 버는 가정이 많아졌다.

❹ 집에서 밥을 해 먹을 때 드는 비용이 증가하고 있다.

II **다음을 듣고 질문에 답하십시오.** [CD: 81]

1. 어린이 관련 사업이 성장하는 이유로 가장 알맞은 것은 무엇입니까? (　　)

❶ 맞벌이 부부들이 많다.

❷ 한국의 경기가 좋아지고 있다.

❸ 어린이 관련 사업에 대한 정부 투자가 늘었다.

❹ 요즘 부모들이 자녀들을 위해 돈을 아끼지 않는다.

2. 맞으면 O표, 틀리면 X표 하십시오.

1) 한국의 출산율은 세계 최저이다. (　　)

2) 어린이 관련 사업은 규모보다 품질 향상에 힘쓴다. (　　)

3) 기존의 어린이 관련 사업 제품은 사라지고 있다. (　　)

읽기

I **다음을 읽고 질문에 답하십시오.**

이전에는 부유한 사람들이 고가 제품을 구입하고, 서민층에서는 저가 제품을 구입했다. 그렇지만 이제 소비 형태가 많이 달라졌다. 부유층도 자신이 중요하다고 생각되는 것들에는 많은 돈을 쓰지만, 그렇지 않은 경우 할인점이나 시장을 이용한다. 또한 자신이 부유층이 아니라고 생각하는 소비자들도 자신이 가치가 있다고 생각하는 것에는 과감하게 ㄱ) **지갑을 연다.** 즉 소비자는 필요에 따라 명품 옷을 사기도 하고 시장을 이용하기도 한다. 이런 현상은 단지 의생활뿐 아니라 모든 소비 영역에서 볼 수 있게 되었다.

소비 형태가 변한 이유는 소비자들의 생활수준, 생활양식 등이 변했기 때문이다. 국민의 소득 수준이 높아진 데다가 소비자들은 자신의 필요나 용도, 관심에 따라 얼마의 돈을 지불해야 되는지 정확히 알고 행동을 한다. 이러한 소비자들의 변화를 가장 쉽게 관찰할 수 있는 곳은 패션 시장이다. 패션 시장은 명품 브랜드들과 저가의 브랜드들만이 성장을 지속하고 있으며, 그 사이에 있는 중간 가격의 브랜드들은 매출에 어려움을 겪고 있다.

소비자의 변화 방향을 읽고 대응하는 브랜드는 경쟁에서 살아남고, 중간 정도의 품질과 가격으로 승부를 하려는 기업은 점차 시장에서 밀려나고 있다. 시장의 변화에 맞춰야 브랜드가 유지되고 성장할 수 있다.

1. 무엇에 대한 이야기입니까? (　　　)

❶ 변화된 소비형태　　❷ 부유층의 소비방식
❸ 의류시장에서의 유행　　❹ 명품과 저가 제품의 차이

2. ㄱ)의 의미는 무엇일까요? 본문에서 찾아 쓰십시오.

3. 맞으면 O표, 틀리면 X표 하십시오.

1) 소비자들은 제품을 구매할 때 가격보다는 자신의 필요와 관심을 중요하게 생각한다. ( )

2) 부유층은 여전히 명품이나 프리미엄 브랜드만을 고집하고 있다. ( )

3) 가격이나 품질 면에서 중간 수준을 유지하는 기업은 경쟁력이 약해지고 있다. ( )

과제와 활동

I **팀을 만들어 가)~사) 사업 중 시장성이 있다고 생각되는 것을 골라 1) 2) 3)에 대해서 이야기해 보고 〈보기〉와 같이 정리해 봅시다.**

가) 교외에 아파트를 지으려고 합니다.

나) 어린이전용 영화관을 만들려고 합니다.

다) 일하는 여성을 위한 신발을 만들려고 합니다.

라) 독신자용 아파트를 만들려고 합니다.

마) 여러분 나라의 화장품을 한국에 수출하려고 합니다.

바) 한국에서 여러분 나라의 음식을 파는 식당을 개업하려고 합니다.

사) 기타: ....

1) 이 사업이 왜 시장성이 있다고 생각합니까?

2) 시장 조사의 방법은 어떤 것이 있습니까?

3) 판매를 높이는 방법은 어떤 것이 있습니까?

〈보기〉

사업 기획	교외에 아파트를 건설하려고 한다.
1) 왜 시장성이 있다고 생각합니까?	• 많은 사람들은 집을 가지기 원한다. 주택보다는 생활이 편리한 아파트를 좋아한다. • 서울 시내는 아파트 값이 너무 비싸고 아파트를 지을 공간도 없다. • 서울에서 멀지 않고 교통이 편리한 지역에 아파트를 지으면 수요가 있을 것이다. • 교외에 지어도 대단지로 지으면 수요가 높다.
2) 시장 조사의 방법을 생각해 봅시다.	• 집 없는 사람의 수, 인구 분포 등의 인구 조사를 한다. • 교외의 생활 여건을 조사해야 한다. 교육, 쇼핑, 여가 시설을 좀 더 쉽게 이용할 수 있는 곳을 찾아야 한다. • 요즘 소비자들은 기능뿐 아니라 디자인도 중요하게 생각한다. 소비자들의 기호를 좀 더 구체적으로 알기 위해서 설문조사가 필요하다. • 소비자들의 생활패턴에 대한 설문조사가 필요하다.
3) 판매를 늘리는 방법을 생각해 봅시다.	• 시장 조사를 철저히 해서 소비자의 요구를 만족시킬 수 있는 아파트를 지어야 한다. • 요즘은 사후관리가 중요하기 때문에 정기적인 서비스를 제공해야 한다.

사업 기획	
1) 왜 시장성이 있다고 생각합니까?	
2) 시장 조사의 방법을 생각해 봅시다.	
3) 판매를 늘리는 방법을 생각해 봅시다.	

BUSINESS KOREAN

MP3

LESSON 21
창업

학습 목표 • **문법** -는다고 하던데, -느냐에 달려있다 • **어휘** 창업 관련 어휘 • **과제** 창업 계획 세우고 발표하기

1 창업을 할 때 제일 중요하다고 생각하는 것에 ✔표 하십시오.

자본 (　　)	정보 (　　)	경험자의 충고 (　　)	아이디어 (　　)
인맥 (　　)	시장성 (　　)	업종 (　　)	위치/장소 (　　)

2 창업을 생각해 보거나 계획한 적이 있습니까? 만약 여러분이 창업한다면 무슨 사업을 하겠습니까? 같이 이야기해 봅시다.

대화

창업 지망자 요즘 외식업이 잘 된다고 하던데 소자본으로 창업할 수 있는 좋은 음식점이 있으면 소개 좀 해 주십시오.

전문가 창업자본이 넉넉하지 않다면 분식점을 생각해 볼 수 있습니다.

창업 지망자 제가 창업을 해 본 적이 없기 때문에 운영을 잘 할 수 있을지 걱정입니다.

전문가 분식점은 계절에 별로 영향을 받지 않고 매출이 안정적이어서 처음 창업을 하시는 분도 어렵지 않게 운영하실 수 있습니다.

창업 지망자 요즘 워낙 분식집이 많아져서 경쟁이 심할 것 같아 걱정인데요.

전문가 외식업의 성공은 메뉴와 분위기를 다른 가게와 얼마나 차별화하느냐에 달려 있습니다.

본문 어휘

다음을 익히고 (　　　)에 알맞은 단어를 쓰십시오.

외식업	소자본	창업	운영하다	안정적이다	워낙

1) 요즘은 해산물 뷔페나 죽 전문점이 (　　　　　　) 중에서 인기가 높은 것으로 나타나고 있다.

2) 직장인이라면 누구나 자신이 직접 사업을 경영할 수 있는 (　　　　　　)을/를 꿈꾼다.

3) 인터넷쇼핑몰은 (　　　　　　) 으로도/로도 창업을 할 수 있어 관심을 가지고 있는 사람들이 많다.

4) 요즘 교사나 공무원 같은 (　　　　　　) 직업이 인기를 끌고 있다.

5) 그 아파트는 (　　　　　　) 고가여서 보통 사람들은 꿈도 못 꾼다.

6) 사업을 한 번도 해 본 적이 없는 사람이 가게를 (　　　　　　) 많은 어려움이 있다.

관련 어휘

1 다음은 창업에 관련된 단어입니다. ( )에 알맞은 단어를 쓰십시오.

임대하다	권리금	상권	손익분기점	손실	순이익

창업을 할 때 제일 중요한 것은 점포를 얻는 장소이다. 주위에 건물이 많고 ( )이/가 형성되어 있는 곳이 유리하다. 점포를 매매하거나 ( ) 때는 전 주인이 ( )을/를 요구할 수도 있으므로 잘 알아봐야 한다. 처음 창업할 때는 투자비용이 크므로 어느 정도 ( )을/를 예상해야 한다. 투자비용이 크면 매출액이 커도 ( )이/가 적을 수 있다. 투자비용과 총매출액이 일치하는 ( )을/를 넘어가면 이익이 발생하기 시작한다.

2 다음을 익히고 관계있는 것끼리 연결하십시오.

음식점	본점	지점	할인점	대리점

1) 대리점 •
2) 본점 •
3) 지점 •
4) 할인점 •

• 이곳에 가면 싼 값에 물건을 살 수 있다.
• 보통 은행이나 백화점이 각 지역에 두고 있다.
• 가전제품이나 우유 등 상품의 판매를 대신하고 수수료를 받는다.
• 여러 영업소가 있을 경우, 제일 주가 되는 영업소를 말한다.

문법

다음 대화를 완성하십시오.

1 -는다고/ㄴ다고, 다고 하던데

1) 가: 액세서리 가게를 하려고 하는데 어디에서 하면 좋을까요?
   나: 액세서리가게는 여자 대학교 앞에서 잘 된다고 하던데 한번 알아보세요.

2) 가: 그 회사는 믿을 수 있는 회사예요?
   나: 연간 매출 규모가 50억이 넘는다고 하던데 괜찮지 않을까요?

3) 가: 요즘 볼 만한 영화가 있나요?
   나: ....

4) 가: 음식점을 하나 열려고 하는데 어느 지역이 좋을까요?
   나: ....

2 -느냐에, 으냐에/냐에 달려있다

1) 가: 저희 부서에서 제안한 사업계획이 어떻게 될까요?
   나: 그건 사장님이 찬성하시느냐 반대하시느냐에 달려있습니다.

2) 가: 가게를 멋있게 꾸미고 싶은데 어떻게 해야 될까요?
   나: 그건 인테리어에 얼마를 투자하느냐에 달려있지 않을까요?

3) 가: 이번 신제품 개발에 많은 투자를 했기 때문에 꼭 성공해야 합니다.
   나: 우리 회사의 미래는 이번 제품이 ....

4) 가: 어떻게 하면 이번 프로젝트를 빨리 끝낼 수 있을까요?
   나: ....

듣기

I **다음을 듣고 질문에 답하십시오.**

1. 무엇에 대해 이야기하고 있습니까? (　　　)

❶ 성공적인 창업

❷ 창업하기 좋은 업종

❸ 다양한 창업사업

❹ 창업 자본 마련의 방법

2. 창업에 대한 내용과 맞는 것을 고르십시오. (　　　)

❶ 요리를 잘하는 사람이 음식점 창업을 하면 성공 가능성이 높다.

❷ 업종을 잘 선택하는 것이 중요하다.

❸ 잘 알고 있거나 경험이 있는 업종을 선택해야 한다.

❹ 전문가의 조언을 듣는 것은 별로 도움이 안 된다.

3. 맞으면 O표, 틀리면 X표 하십시오.

1) 창업을 하고 5년 이내에 성공할 확률이 높다. (　　　)

2) 체인점을 여는 것이 새로운 사업을 시작하는 것보다 안정적일 수 있다. (　　　)

3) 자본이 부족할때 돈을 빌려서라도 사업을 시작하는 것이 좋다. (　　　)

읽기

I 다음을 읽고 질문에 답하십시오.

최근 몇 년 사이에 PC방이 늘고 있다. 피시없이는 살 수 없는 시대가 되었기 때문이다. 하지만 PC방 창업이 모두 성공하는 것은 아니다. PC방이 많아지면서 경쟁이 점점 심해지고 있기 때문이다.

PC방을 창업할 생각이라면 전문가를 찾아가 조언을 구하는 것이 좋다. PC방 창업은 다른 업종에 비해 비용이 많이 들기 때문에 전문가의 도움을 받아 창업 비용을 줄이는 방법을 찾아야 하기 때문이다.

PC방의 위치는 주택이 밀집되어 있는 곳이나 학교 주변이 좋다. 도심의 경우 고객 1명당 이용시간이 1~2시간 정도이지만 주택가는 보통 3~4시간이 넘기 때문이다.

PC방의 월 평균 매출은 1,700만~1,800만 원 정도 된다. 점포 크기에 비해서 매출이 적다고 생각할 수 있겠지만 순이익은 60~70%로 높은 편이다. 하지만 달마다 매출이 일정하지 않기 때문에 매출 관리를 잘 하는 것이 중요하다.

PC방을 운영하려면 새로 나온 컴퓨터 기종을 잘 알고 있어야 하며 새롭게 출시된 게임을 신속하게 준비해 놓아야 한다. 뿐만 아니라 인테리어나 서비스에 있어서 다른 PC방들과 차별화하고 고객 관리를 잘 해야 한다.

또한 컴퓨터 관리를 잘 하는 것이 중요하다. 컴퓨터에 대한 지식이 있거나 수리 능력이 있다면 수리 비용을 절약할 수 있어서 좋을 것이다. 컴퓨터가 고장이 날 경우 빨리 수리할 수 있도록 수리업체와 잘 연락할 수 있어야 하고 고객이 이용할 때 불편하지 않도록 최선을 다 해야 한다.

1. 무엇에 대한 글입니까? (　　　)

❶ PC방 창업비용　　❷ PC방 창업시 주의사항

❸ PC방 매출변화　　❹ PC방 관리방법

2. PC방에 대한 내용 중 맞지 않는 것을 고르십시오. (　　　)

❶ 월별 매출이 일정하고 순이익이 높은 편이다.

❷ 도심보다 주택가에 위치하는 것이 좋다.

❸ 다른 업종보다 창업비용이 많이 드는 편이다.

❹ 점포 크기에 비해서 매출이 적은 편이다.

3. 맞으면 O표, 틀리면 X표 하십시오.

1) 전문가에게 조언을 구하면 창업비용이 더 많이 들어간다. (　　　)

2) 새로 나온 컴퓨터 기종이나 게임을 잘 준비해 놓아야 한다. (　　　)

3) 컴퓨터가 고장 나면 수리업체에서 고쳐주기 때문에 컴퓨터 지식이 별로 필요하지 않다. (　　　)

과제와 활동

Ⅰ **한국에는 있지만 여러분 나라에는 없는 사업이 있습니까? 여러분 나라에서 창업을 한다면 다음 중 어떤 사업을 하고 싶은지 〈보기〉와 같이 정리하고 발표해 보십시오.**

식당 (삼겹살집, 닭갈비집, 삼계탕집, 야식배달점, 떡볶이집...), 비디오방, 찜질방, 보드카페, 대형마트, 노래방, 고시원, 결혼정보회사, 기타

〈보기〉

업종	• 식당: 삼겹살집
선정이유	• 돼지고기를 좋아하는 사람이 많지만 삼겹살을 파는 식당이 없다.
점포위치	• 대학교 주변이나 회사가 모여 있는 곳
매장인테리어	• 한국의 분위기를 보여줄 수 있는 인테리어
판매 및 홍보전략	• 삼겹살 2인분 이상을 먹을 경우 소주를 50% 할인해 준다. • 주말에 대형 스크린으로 한국의 드라마나 영화를 보여주거나 한국의 문화를 소개하는 프로그램을 준비한다.

업종	
선정이유	
점포위치	
매장인테리어	
판매 및 홍보전략	

Ⅱ 여러분 나라에는 있지만 한국에는 없는 사업 중에서 한국에서 창업하면 성공할 것 같은 사업에 대해 발표해 보십시오.

업종	
선정이유	
점포위치	
매장인테리어	
판매 및 홍보전략	

MP3

LESSON 22

설문조사

학습 목표 • **문법** -으면서도, -는다기보다 • **어휘** 설문지에 쓰이는 어휘 • **과제** 설문조사하기

1 다음 중 어떤 설문에 응해 본 적이 있습니까? ✔표 하십시오.

전화 설문 (　　)　　면접 설문 (　　)　　설문지를 이용한 설문 (　　)

2 설문의 내용이 무엇이었습니까? 같이 이야기해 봅시다.

대화

사장　이번에 개발한 디지털카메라에 대한 설문조사 결과가 나왔나요?

과장　이삼십대 500명을 대상으로 조사했는데 전반적으로 만족도가 높았습니다. 특히 가벼우면서도 기능이 다양한 점에서 좋은 점수를 받았습니다.

사장　불만 사항은 없었습니까?

과장　불만 사항이라기보다 사진의 색이 다소 진하다는 의견들이 간혹 있었습니다.

사장　그 문제는 기술적으로 해결이 됩니까?

과장　실물과 같은 색을 내는 것이 연구개발의 최대 과제입니다. 연구개발부에서도 최대한 노력을 하고 있습니다.

본문 어휘

다음을 익히고 (　　)에 알맞은 단어를 쓰십시오.

대상	전반적	불만 사항	다소	간혹	실물	과제

1) 그 배우는 스크린을 통해서 보는 것보다 (　　　　)이/가 훨씬 나았다.

2) 요즘 대기업 중소기업 할 것 없이 (　　　　)으로/로 경기가 안 좋습니다.

3) 앞으로 남은 (　　　　)은/는 애프터서비스의 질을 높이는 것이다.

4) 제품의 (　　　　　　)을/를 접수한 결과 가격이 너무 비싸다는 내용이 가장 많았다.

5) 아무리 꼼꼼한 사람이라도 (　　　　) 실수할 때가 있다.

6) 이 화장품은 20대 여성을 (　　　　)으로/로 해서 개발된 제품입니다.

7) 이번 신제품은 기능이 다양해진 점은 좋지만 사용방법이 (　　　　) 복잡하다.

관련 어휘

1 다음은 설문지에서 볼 수 있는 단어들입니다. (　　　)에 알맞은 단어를 쓰십시오.

항목	연령	성별	연봉	거주지

안녕하십니까? 이 설문지는 성룡 스포츠에서 현대인들의 여가 생활을 알아보기 위해 실시하는 것입니다. 바쁘시겠지만 몇 가지 질문에 답변해 주시면 감사하겠습니다.

다음은 개인정보에 대한 (　　　)입니다. 해당하는 것에 ✓표 해 주십시오.

(　　　　) : 20세 이하 ☐ 20대 ☐ 30대 ☑ 40대 ☐ 50세 이상 ☐

(　　　　) : 서대문구 신촌동

(　　　　) : 남 ☑ 여 ☐

(　　　　) : 1,500만원 이하 ☐ 1,500만원~3,000만원 ☐ 3,000만원~5,000만원 ☑ 5,000만원 이상 ☐

2 다음을 익히고 (　　　)에 알맞은 단어를 쓰십시오.

만족도	중요도	선호도	호응도	인지도

1) 한국 사람들은 소형차보다 중형차에 대한 (　　　　　)이/가 높다.

2) 회사에서 연말 송년모임을 스키장으로 가자는 의견이 나왔는데 직원들의 (　　　　　)이/가 낮았다.

3) 소비자는 보통 비슷한 제품들 중에서 (　　　　　)이/가 높은 회사의 제품을 선택하는 경향이 있다.

4) 매출을 늘리는 데 있어서 광고의 (　　　　　)이/가 점점 높아지고 있다.

문법 다음 대화를 완성하십시오.

1 –으면서도/면서도

1) 가: 파티에는 어떤 옷을 입고 가야 하지요?
   나: 화려하면서도 디자인이 복잡하지 않은 옷이 좋습니다.

2) 가: 이 제품의 특징은 무엇입니까?
   나: 값이 저렴하면서도 기능이 우수하다는 것이지요.

3) 가: 고객은 어떤 백화점을 가장 선호합니까?
   나: ....

4) 가: 부장님이 부하직원들에게 인기가 많으시네요.
   나: ....

2 –는다기보다/ㄴ다기보다, 다기보다

1) 가: 설문지 문항 수를 좀 더 늘리는 것이 어려울까요?
   나: 어렵다기보다는 좀 복잡할 것 같아요.

2) 가: 혹시 정 대리 좋아해?
   나: 좋아한다기보다 그냥 좀 관심이 가.

3) 가: 왜 매출이 계속 떨어질까요? 우리 회사 제품에 문제가 있습니까?
   나: ....

4) 가: 그 제품은 품질이 개선돼서 매출이 올라갔나요?
   나: ....

듣기

Ⅰ **다음을 듣고 질문에 답하십시오.**

1. 개발하려고 하는 제품의 설명으로 맞는 것은? (　　　)

❶ 30~40대 여성들을 위한 제품이다.

❷ 두 사람이 같이 마시기에 좋은 양이다.

❸ 과일을 재료로 만든 제품이다.

❹ 술을 못 마시는 여성을 위한 음료수이다

2. 여자가 맥주를 마시는 않는 이유는 무엇입니까?

Ⅱ **다음을 듣고 질문에 답하십시오.**

1. 무슨 제품에 대한 설문조사입니까?

2. 남자가 이 제품에 대해서 개선되었으면 하는 것 두 가지를 쓰십시오.

1)

2)

Ⅲ **다음을 듣고 질문에 답하십시오.**

1. 누구를 위한 제품을 개발하려고 합니까?

2. 맞으면 O표, 틀리면 X표 하십시오.

1) 새 제품의 굽은 6cm 정도가 될 것이다. (　　　)

2) 여자는 평소에 기능성 구두를 즐겨 신었다. (　　　)

3) 정장에 어울리는 제품을 개발하려고 한다. (　　　)

읽기

I 다음을 읽고 질문에 답하십시오.

한 설문조사 기관이 서울에서 살고 있는 1,000명의 소비자를 상대로 설문조사를 실시한 결과, 은하백화점을 가장 선호한다는 대답은 지난해 71%에서 올해 62.4%로 낮아졌다. 반면 대원백화점의 경우는 지난해 23.2%에서 33%로 크게 증가했고 신성백화점도 8%에서 12.2%로 높아졌다. 대형마트에 대한 선호도를 묻는 질문에 대해서는 금강마트를 가장 선호한다는 응답이 51.1%로 나타났다. 지난해 선호도인 40.8%보다 더 높아진 것이다. 이에 반해 은하마트에 대한 선호도는 지난해 21.1%에서 올해 16.6%로 더 낮아졌다.

그러나 실제로 자주 방문하는 백화점과 대형마트에 대한 답변은 선호도에 대한 답변과 다른 모습을 보였다. '가장 자주 가는 백화점'에 대한 조사 결과 은하백화점에 가장 자주 간다고 대답한 사람은 64%로 지난해 58.2%보다 높아졌다. '가장 자주 가는 대형마트'에 대한 조사에서 금강마트는 지난해 57.1%에서 올해 39.8%로 낮아진 반면, 은하마트는 13.9%에서 22.1%로 높아졌다. 선호도가 낮아진 은하백화점의 방문률이 높아지고, 선호도가 높아진 금강마트의 경우 오히려 이곳을 찾는 사람이 적어진 이유는 무엇일까? 그것은 바로 소비자들은 자신이 선호하는 장소보다 방문하기에 편리한 장소를 선택하기 때문인 것이다. 이 조사에 따르면 백화점과 대형마트 선택의 기준에 대해 '위치'라고 응답한 소비자는 각각 66.3%, 62.4%였다.

1. 설문 내용이 아닌 것은 무엇일까요? (   )

❶ 자주 가는 대형마트는 어디입니까?

❷ 가장 좋아하는 백화점은 어느 백화점입니까?

❸ 어느 백화점이 물건의 품질이 가장 좋습니까?

❹ 대형마트를 선택할 때 무엇을 중요하게 생각합니까?

2. 맞으면 O표, 틀리면 X표 하십시오.

1) 전국의 소비자 1,000명을 대상으로 조사를 했다. (　　　)

2) 금강마트를 방문하는 소비자의 수는 작년에 비해 줄었다. (　　　)

3) 은하백화점을 가장 선호한다는 소비자가 제일 많다. (　　　)

4) 소비자들은 가기 편한 곳에 위치한 백화점이나 대형마트에 자주 간다. (　　　)

과제와 활동

Ⅰ 다음 설문에 응답해 봅시다.

설 문 지

안녕하십니까? 저희 (주) 정원 푸드 마케팅 팀에서는 건강음료를 개발하기 위해 설문조사를 실시하고자 합니다. 귀하의 개인 정보와 답변 내용은 제품 개발 이외의 다른 목적으로 사용되지 않을 것입니다. 각 질문에 성실히 답변을 해주시면 대단히 감사하겠습니다. 귀중한 시간을 내주셔서 다시 한 번 감사드립니다.

㈜ 정원 푸드

1. 응답자 개인 정보
   - 성별 : 여자 (　　　) 남자 (　　　)　• 결혼여부 : 기혼 (　　　) 미혼(　　　)
   - 거주지 : ....
   - 연령: 1) 10~20세 2) 21~30세 3) 31~40세 4) 41~50세 5) 51~60세 6) 61세 이상

2. 즐겨 마시는 음료수는 무엇입니까?
   1) 커피류 2) 주스류 3) 탄산음료 4) 이온음료 5) 차 6) 기능성 음료 7)기타

3. 건강음료 (곡물음료, 과실음료, 야채음료, 차, 등)에 대한 관심이 많습니까?
   1) 매우 높다 2) 높다 3) 보통이다 4) 별로 관심 없다

4. 건강음료 선택기준은 무엇입니까?
   1) 맛과 향 2) 색깔 3) 첨가물 4) 건강에 미치는 영향

5. 건강음료 기능 중 어느 부분이 강조된 것을 더 선호하십니까?
   1) 미용, 다이어트 2) 피로 회복, 건강 증진
   3) 성장, 발육 4) 필요 요소 섭취 (칼슘, 단백질 등)

6. 건강음료 구입 장소는 어디입니까?
   1) 백화점 2) 슈퍼마켓 3) 할인마트 4) 약국

7. 건강음료를 선택 할 때 광고가 미치는 영향은 어느 정도 입니까?
   1) 매우 크다 2) 크다 3) 보통이다 4) 별로 영향을 미치지 않는다

– 설문에 응해 주셔서 감사드립니다. –

Ⅱ 설문지를 만들어 보고 2~3명에게 설문조사를 해 봅시다.

설 문 지

안녕하십니까?

LESSON 23

신용카드

MP3

학습 목표 • **문법** –거든요 , –는 편이다 • **어휘** 신용카드 관련 어휘 • **과제** 신용카드 상품 개발하고 발표하기

1 현금과 신용카드의 장단점을 비교해 보십시오.

2 신용카드를 몇 장 가지고 계십니까? 제일 많이 사용하는 카드는 무엇입니까? 왜 그 카드를 많이 사용합니까? 같이 이야기해 봅시다.

대화

이진호 신용카드를 발급 받으려고 하는데요.

직원 고객님의 필요에 따라 선택하실 수 있습니다. 주유할 때 적립이 되는 카드도 있고 항공권이 할인되는 카드도 있거든요.

이진호 제가 자동차를 구입할 계획인데 자동차를 살 때 할인을 받을 수 있는 카드도 있나요?

직원 물론이지요. 할인도 받을 수 있고 1,000원 사용할 때마다 30원이 적립되니까 적립도 많이 되는 편입니다.

이진호 그 이외에도 다른 서비스가 있나요?

직원 현금서비스는 한 달에 500만 원이고 가맹점에서 카드를 사용하실 때 5% 할인 혜택도 받으실 수 있습니다.

본문 어휘

다음을 익히고 (　　　)에 알맞은 단어를 쓰십시오.

발급	주유하다	적립	현금서비스	가맹점	혜택

1) 외국인등록증을 (　　　　　)받으려면 출입국관리사무소에 가야 한다.

2) 카드를 많이 사용하면 할수록 포인트가 (　　　　　)되어 현금처럼 사용할 수 있다.

3) 학생카드가 있으면 버스 이용요금의 할인 (　　　　　)을/를 받을 수 있다.

4) (　　　　　) 때는 안전을 위해 자동차의 시동을 꺼야 한다.

5) 통장에 돈이 없어도 신용이 있으면 돈을 빌릴 수 있는 (　　　　　) 제도가 있다.

6) 이 카드를 가지고 가면 모든 (　　　　　)에서 물건을 싸게 구입할 수 있다.

관련 어휘

1 다음은 신용카드와 관련된 단어입니다. 관계있는 것끼리 연결하십시오.

연체이자 일시불 연회비 총 결제 금액 청구서

▶ **카드이용금액**

청구월	2008년 12월
대금출금일	2008년 12월 17일
결제은행	신한
결제방법	일반

청구내역		금액
미결제금액		0
✓ 연체이자		0
소계		0
당월	✓ 일시불	1,137,820
	할부	223,720
	현금서비스	0
	카드론	0
	해외이용	0
	자유결제청구	0
	제수수료 및 기타	300
	✓ 연회비	0
소 계		1,361,840
✓ **총 결제 금액**		1,361,840

▶ 본 ✓청구서는 12월 04일 기준으로 작성되었습니다.

1) 연체이자 •		• 한달동안 사용한 카드 이용 금액의 합계
2) 일시불 •		• 카드 이용 금액을 한 번에 지불함.
3) 연회비 •		• 카드 이용 금액을 정한 날짜까지 내지 못하면 내지 못한 날짜만큼 더 돈을 내야 함.
4) 총 결제 금액 •		• 카드를 계속 사용하기 위해 일 년에 한 번 카드 회사에 내는 돈
5) 청구서 •		• 카드 회사에서 한 달에 한 번 총 카드 이용 금액을 고객에게 알리기 위해 보냄.

2 **다음을 익히고 (　　　) 안에 알맞은 단어를 쓰십시오.**

항공권	입장권, 회원권, 탑승권, 상품권

1) 비행기, 배, 기차를 탈 때는 (　　　　　)이/가 필요하다.

2) 백화점 (　　　　　)이/가 있으면 백화점에서 현금처럼 사용할 수 있다.

3) 그 골프장을 이용하려면 (　　　　　)이/가 있어야 한다.

4) 경복궁이나 덕수궁을 구경하려면 정문에 있는 매표소에서 (　　　　　)을/를 사야 한다.

문법

다음 대화를 완성하십시오.

1 –거든요

1) 가: 자주 이 백화점을 이용하시나 봐요.
   나: 네, 여기에서 신용카드를 사용하면 포인트가 두 배로 쌓이거든요.

2) 가: 왜 항상 이 신용카드만 사용하세요?
   나: 이 카드는 서비스도 다양하고 무이자 할부도 되거든요.

3) 가: 왜 다시 사무실로 가세요?
   나: ....

4) 가: 왜 다시 신용카드를 발급 받으려고 하세요?
   나: ....

2 –는 편이다, 은/ㄴ 편이다

1) 가: 현금을 많이 사용하세요? 신용카드를 많이 사용하세요?
   나: 저는 신용카드를 자주 사용하는 편입니다.

2) 가: 그 회사는 직원이 몇 명이나 됩니까?
   나: 500여 명으로 중소기업 치고 많은 편입니다.

3) 가: 올해 일사분기 매출이 어떻게 됩니까?
   나: 작년에 비해 ....

4) 가: 서울에서 생활하려면 생활비가 많이 드나요?
   나: ....

듣기

Ⅰ 다음을 듣고 질문에 답하십시오.

1. 카드를 사용하면 편리한 점이 무엇입니까?

2. 들은 내용과 같은 것은 무엇입니까? (   )

❶ 한 장의 카드를 사용하는 것이 제일 좋다.

❷ 카드 이용 금액을 갚지 못하면 다른 카드를 만들어서 쓰면 된다.

❸ 자신이 원하는 서비스 혜택을 받을 수 있는 카드를 선택하는 것이 좋다.

❹ 아직도 카드보다 현금을 사용하는 사람이 많다.

3. 맞으면 O표, 다르면 X표 하십시오.

1) 요즘 신용불량자가 늘고 있다. (   )

2) 카드를 많이 가지고 있으면 불필요한 소비를 하게 된다. (   )

3) 카드를 이용할 때 서비스가 비슷하므로 회사를 보고 선택하는 것이 좋다. (   )

읽기

I 다음을 읽고 질문에 답하십시오.

1. 신청자격

- 만 20세 이상 소득이 있는 분으로 회사에서 심사를 하고 나서 발급해 드립니다. 신용에 문제가 있는 분은 신용카드를 발급해 드릴 수 없습니다.
- 가까운 OO 은행을 방문하여 신청하시면 발급받을 수 있는지 알려드립니다.
- 만 20세 미만의 미성년자(대학생)는 체크카드를 발급해 드립니다.(신용카드 발급 제외)

2. 발급신청자격(다음 중 하나 이상에 해당하면 발급 가능)

급여소득자	직장이 있는 분으로 근로소득이 있는 분
사업소득자	사업자등록증이 있으며 사업체를 운영하는 분
재산세 납부자	재산세를 납부하고 있는 분
가정주부	배우자가 발급에 동의하는 분
기타소득자	연금소득, 임대소득 등의 소득이 있는 분
OO은행 거래자	OO은행과 일정기준 이상 거래가 있는 분

1. 이 글은 무엇에 대한 글입니까? (   )

❶ 신용카드 이용 안내

❷ 신용카드 대금 청구서

❸ 신용카드 발급 조건

❹ 신용카드 종류

2. 카드를 발급받을 수 있는 사람은 다음 중 누구입니까? (   )

❶ 대학생 ❷ 직장에 다니는 주부 ❸ 무직자 ❹ 신용불량자

3. 맞으면 O표, 다르면 X표 하십시오.

1) 만 20세 이상이면 누구나 발급받을 수 있다. (　　)

2) 미성년자는 체크카드를 발급받을 수 있다. (　　)

3) 직업이 없어도 소득이 있으면 발급받을 수 있다. (　　)

과제와 활동

Ⅰ **다음 여러 가지 카드에 대해 알아봅시다.**

골드카드

- 주중 0.4%, 주말 0.8% 포인트 적립
- 숙박, 항공권, 스포츠센터 할인
- 해외 특급 호텔, 리조트, 레스토랑 할인 서비스

장미카드

- 일반 가맹점 0.2%~0.4% 적립
- 인터넷 쇼핑몰, 홈쇼핑 0.4~0.8% 적립
- 백화점 무이자 할부, 영화관 할인

미래카드

- 1,000원 사용시 30원 포인트 적립
- 연극, 뮤지컬 할인
- 호텔 이용시 할인 혜택
- 자동차 구매시 포인트 사용 가능

무지개카드

- 일반 가맹점 0.2%~0.4% 적립
- 직영 레스토랑 0.4~0.8% 적립
- 외식, 놀이공원, 영화, 스포츠 할인

초이스카드

- 주유시 포인트 적립
- 리터 당 주중 40원, 주말 50원 적립
- 차량 정비시 할인 혜택

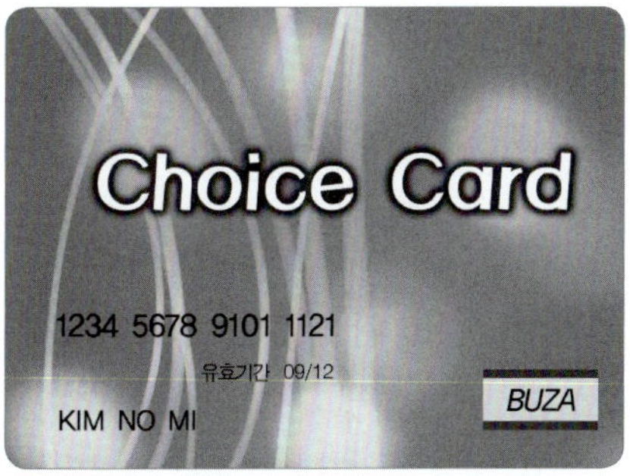

Ⅱ 다음 사람들에게 위의 어떤 신용카드가 좋을지 추천해 보십시오.

이름	직업 및 취미	추천 신용카드	이유
김영수	무역회사에 근무하기 때문에 국내, 해외출장을 많이 가고 운동을 좋아함.		
박은주	의상디자이너. 쇼핑하는 것을 좋아하고 영화감상이 취미임.		
이준섭	두 달 후 결혼 예정이며 약혼녀와 데이트를 즐김.		
신중혁	사진작가이며 주로 자동차로 여행하며 풍경사진을 찍음.		
이민정	자동차를 바꿀 예정이며 여행을 좋아하고 연극관람, 뮤지컬관람을 즐김.		

Ⅲ 여러분이 새로운 신용카드 상품을 만든다면 어떤 서비스나 혜택이 있는 카드를 만들겠습니까?

카드이름	대상	부가서비스 및 혜택	연회비

MP3

LESSON 24

보험

학습 목표 • **문법** 에 의하면, -을 만하다 • **어휘** 보험 관련 어휘 • **과제** 보험 상품 개발하기

1 다음 중 어떤 보험에 가입했습니까? 왜 가입했습니까?

생명보험 ( )	건강보험 ( )	여행자보험 ( )
자동차보험 ( )	암보험 ( )	기타 ....

2 여러분이 가입한 보험의 내용을 간단하게 설명하십시오.

대화

김민수 　이 보험의 보장 내용을 좀 더 설명해 주시겠어요?

보험설계사 　질병에 걸리셨을 경우 질병의 종류와 입원 기간에 따라 입원비, 수술비가 지급됩니다.

김민수 　사고로 다쳤을 경우에는 어떻게 되지요?

보험설계사 　재해로 골절상을 입거나 수술을 해야 하는 경우에도 보장이 됩니다.

김민수 　친구 말에 의하면 외국의 보험 상품이 믿을 만하다고 하던데요. 세계적으로 인지도도 높고요.

보험설계사 　외국 보험 상품도 좋겠지만 한국인의 특성에 맞게 설계된 저희 보험 상품이 더 나을 겁니다.

본문 어휘

다음을 익히고 (   )에 알맞은 단어를 쓰십시오.

보장	질병	지급되다	재해	골절상	특성	설계

1) 요즘 지구 온난화로 갑작스런 폭설이 내리거나 폭우가 쏟아지는 등 자연(   )이/가 늘고 있다.

2) 성인들이 쉽게 걸릴 수 있는 (   )으로는/로는 심장병, 당뇨병, 고혈압 등이 있다.

3) 이 제품은 열에 강한 (   )을/를 가지고 있다.

4) 설날과 추석에는 사원들에게 특별 보너스가 (   ).

5) 보험에 가입할 때는 (   )내용을 꼼꼼하게 읽어 보고 가입해야 한다.

6) 스키를 타다가 넘어져서 발목에 (   )을/를 입었다.

7) 그 건물은 유명한 건축가가 (   )했다고 한다.

관련 어휘

1 다음은 보험에 관련된 단어입니다. 다음 사람들에게 적당한 보험을 골라 (　　) 에 번호를 쓰십시오.

❶ 의료보험	❷ 실버보험	❸ 상해보험	❹ 교육보험	❺ 연금보험

1) 은퇴를 한 노인 (　　)

2) 4살과 6살의 아이를 둔 엄마 (　　)

3) 은퇴 후의 생활을 준비하려는 직장인 (　　)

4) 사고의 위험이 높은 직장에서 일을 하는 사람 (　　)

5) 다치거나 질병에 걸렸을 때 보장받고 싶은 사람 (　　)

2 다음을 익히고 관계있는 것끼리 연결하십시오.

입원비	관리비, 생산비, 교통비, 생활비, 학비

1) 관리비 •	• 버스, 전철을 이용하는 데에 드는 돈
2) 생산비 •	• 기업이 제품을 만들어 내는 데에 드는 돈
3) 교통비 •	• 전기, 수도, 난방 등 건물관리에 드는 돈
4) 생활비 •	• 공부를 하는 데에 드는 돈
5) 학비 •	• 버스요금, 식비, 전기요금 등 생활하는 데에 드는 돈

문법

다음 대화를 완성하십시오.

1 에 의하면

1) 가: 이번에는 누가 부장으로 승진할까요?

나: 소문에 의하면 김 차장이 될 가능성이 높다고 하던데요.

2) 가: 보험은 원금 보장이 됩니까?

나: 보험 계약서에 의하면 6개월 전에 해약하는 경우에는 원금 보장이 안 된다고 합니다.

3) 가: 우리 회사 월급은 언제 오른대요?

나: 사내 소식지에 의하면 ....

4) 가: 오늘 주가는 어떻게 되었습니까?

나: ....

2 -을/ㄹ 만하다

1) 가: 건강보험을 꼭 들어야 할까요?

나: 아플 때를 대비해서 한 두 개 정도는 들어놓을 만 해요.

2) 가: 우리 회사가 보험 사업을 시작하기에는 늦은 거 아닐까요?

나: 보험에 대한 수요는 꾸준히 늘고 있으니까 도전해 볼 만하다고 봅니다.

3) 가: 외국인들에게 추천할 만한 영화는 어떤 게 있어요?

나: ....

4) 가: 자동차 바꿀 때가 되지 않으셨습니까?

나: ....

듣기

I 다음을 듣고 질문에 답하십시오.

	보험의 종류가 무엇입니까?	언제 보험료가 지급됩니까? 맞는 것에 ✔ 표 하십시오.
대화 1		여행 중 집에 도둑이 들었을 때( ) 여행을 가서 비싼 곳에 머물 때( ) 여행 중 물건을 잃어버렸을 때( )
대화 2		아이가 대학에 들어갈 때( ) 아이가 대학을 졸업할 때( ) 부모가 아플 때( )
대화 3		부모가 사망했을 때( ) 부모가 사고로 다쳤을 때( ) 부모가 여행갈 때( )

읽기

I 다음을 읽고 질문에 답하십시오.

가수 '지나'는 앨범 판매와 광고를 통해 연 매출이 500억 원을 넘는 ㄱ) **'걸어 다니는 1인 기업'**이다. 그렇다면 지나의 목소리를 돈으로 따지면 얼마나 될까? 그 가치를 알 수 있는 방법 중 하나는 지나가 다쳐서 노래를 부르지 못하게 되었을 때 받을 수 있는 보험금이 얼마인지 알아보는 것이다.

가수 지나의 소속사는 지난 2005년부터 지나의 목소리에 보험을 들어 놓았다. 1년에 내야 하는 보험료는 무려 3,500만 원이나 된다. 지나가 사망하거나 다쳐서 가수 활동을 하지 못하게 되면 보험사에서 보험금으로 최대 40억 원을 지급한다. 처음 보험에 가입할 때는 20억 원이었는데, 4년 만에 2배가 되었다.

가수 '제이'는 지난 해 3월부터 9월까지 월드투어 콘서트를 하는 동안 100억 원 짜리 성대 보험에 가입했다. 6개월 동안만 가입하는 상품이었지만, 보험료는 1억 원에 달했다고 한다. 이처럼 신체의 일부분을 대상으로 한 보험 상품을 '스타 보험'이라고 한다. 스타가 속한 기획사에서 그 스타가 사고를 당해 활동할 수 없게 되었을 때를 대비해 가입하는 상품이다. 따라서 보험료도 기획사에서 부담하며, 나중에 보험금도 기획사에서 받는다.

스타보험은 외국에서 더 많이 볼 수 있다. 가수 제니퍼 로페즈의 엉덩이 보험을 비롯해서, 가수 돌리 파튼의 가슴 보험, 골프 선수 타이거 우즈의 양팔 보험, 가수 티나 터너의 다리 보험 등이 유명하다.

1. 무엇에 대한 글입니까? (　　)

❶ 보험료 인상
❷ 기획사의 투자비용
❸ 스타들의 보험 상품
❹ 연예인들이 선호하는 보험사

2. 'ㄱ) 걸어 다니는 1인 기업'의 뜻은 무엇입니까? (　　)

❶ 모든 영업 활동을 한 명이 맡아서 하는 기업
❷ 콘서트나 다양한 활동을 통해 매출을 올리는 기업
❸ 기업과 비슷한 수준의 매출을 발생시키는 한 명의 스타
❹ 주로 걸어 다니면서 연예 활동을 하는 스타들이 소속된 기업

3. 맞으면 O표, 틀리면 X표 하십시오.

1) 스타가 다쳤을 때 지급되는 보험금은 스타가 갖는다. (　　)

2) 제이가 성대를 다쳤을 경우 보험사는 100억 원의 보험금을 지급해야 한다. (　　)

3) 지나의 기획사는 처음 보험에 가입했을 때 20억 원의 보험료를 냈다. (　　)

4) 스타 보험은 외국에서 더 쉽게 볼 수 있다. (　　)

과제와 활동

Ⅰ **현대사회에서는 보험이 다양해지고 있습니다. 아래를 참조하여 〈보기〉와 같이 보험 상품을 개발해 보고 표를 채운 후 발표해 보십시오.**

현대 사회에는...

- 애완동물을 키우는 사람들이 늘고 있다.
- 자전거로 출퇴근하거나 자전거를 이용하는 사람이 늘고 있다.
- 농촌 인구가 줄면서 결혼을 못 하는 농민들이 늘고 있다.
- 인라인 스케이트, 스노보드, 자전거 스턴트 등 격한 스포츠를 즐기는 사람이 늘고 있다.
- 평균 결혼 연령이 높아지면서 아기를 낳기가 힘든 부부가 많아지고 있다.
- 성형 수술이 늘면서 성형 수술 부작용을 경험하는 사람들이 많아지고 있다.

〈보기〉

보험 이름	개발 배경	보장 내용
애완동물 사랑 보험	가족 수가 줄고 독신자 가정이 늘면서 애완동물을 기르는 가정이 많아지고 있다. 그런데 애완동물을 기르는 데에 여러 가지 비용이 들어간다. 예를 들어서 애완동물들이 뜻하지 않게 사고를 당하거나 질병을 앓는 경우가 많은데 이때 그 치료 비용이 매우 높다.	• 애완동물이 사고 당했을 때 치료비와 입원비를 지원한다. • 애완동물이 질병에 걸렸을 때 치료비와 입원비를 지원한다. • 애완동물이 사망하면 장례 비용이 지급 된다. • 애완동물이 10세, 15세, 20세가 되는 해에 건강 축하금이 지급된다.

보험 이름	개발 배경	보장 내용

비즈니스 Tip

무슨 선물이 좋을까요?

한국에서는 명절 때 회사 상사나 신세를 졌던 분들에게 그동안의 감사함을 표시합니다. 보통 과일, 고기나 생활용품 선물세트를 선물하지만 요즘은 상품권을 선물하는 경우도 많습니다.

결혼식에 참석할 때도 축하하는 뜻에서 선물이나 돈을 줍니다. 친한 친구라면 필요한 물건을 선물하기도 하지만 봉투에 넣은 축의금을 내는 것이 보통입니다. 결혼식장 입구에는 축의금을 받는 곳이 있으므로 준비해 간 돈을 그곳에 내면 됩니다. 장례식에 갈 때도 조의금을 준비해야 합니다. 축의금이나 조의금으로 내는 금액은 그 사람과의 관계에 따라 차이가 납니다. 가까운 관계라면 신경 써서 더 많이 내는 경우가 많습니다.

다른 사람의 집에 초대받았을 때도 고마움의 표시로 선물을 가지고 갑니다. 요즘에는 보통 과일이나 꽃, 와인 등을 선물합니다. 초대한 사람이 좋아할 만한 선물을 준비하기도 합니다. 백일이나 돌잔치에 초대를 받은 경우에는 보통 아기에게 줄 금반지나 옷 등을 선물합니다.

이사를 하거나 결혼을 한 사람이 자신의 집에 초대하는 것을 '집들이'라고 하는데 전통적인 집들이 선물은 성냥이나 세제입니다. 성냥의 불길이 커지는 것처럼, 세제의 거품이 나는 것처럼 부자가 되라는 뜻입니다. 하지만 요즘에는 생활용품을 선물하는 경우도 많습니다.

MP3

LESSON 25

미래 직업

학습 목표 • **문법** –을수록, –는 걸 보면 –는 것 같다 • **어휘** 직업 관련 어휘 • **과제** 미래 직업에 대해 쓰기

1 다음은 무슨 일을 하는 직업입니까?

피부관리사	호텔리어	소믈리에	바리스타
IT전문가	공인회계사	프로게이머	

2 여러분 나라에서 요즘 새로 생겼거나 새롭게 인기를 얻고 있는 직업은 무엇입니까?

대화

이진호 요즘 휴대폰 벨소리를 만들어 내는 직업도 있다면서요?

박은정 어디 그뿐이겠어요? 와인을 감별하는 소믈리에라든가 애완견 미용사 같은 직업도 있어요.

이진호 산업이 발전하고 사회가 다양해질수록 특이한 직업이 생기는 것 같아요.

박은정 많은 직업 중에서 미래에 유망한 직업을 찾기란 정말 쉬운 일이 아니에요.

이진호 예전에는 변호사나 의사가 인기있는 직업이었지만 요즘에는 컴퓨터 관련 직업이 뜨고 있는 걸 보면 예측하기가 정말 힘든 것 같아요.

박은정 무슨 일을 하든 중요한 것은 전문성과 실력을 갖추는 것이겠지요.

본문 어휘

다음을 익히고 (　　　)에 알맞은 단어를 쓰십시오.

감별하다	산업	특이하다	유망하다	뜨다	갖추다

1) 그 위조지폐는 진짜 지폐와 너무 비슷하게 만들어서 보통 사람은 (　　　　　　) 기 힘들다.

2) 최근 한류열풍에서 볼 수 있는 것처럼 문화 (　　　　　　)의 중요성이 점점 커지고 있다.

3) 앞으로는 서비스업, 정보 관련 분야가 (　　　　　　).

4) 그 의류회사의 디자인이 (　　　　　　) 젊은층이 좋아한다.

5) 교통도 편리하고 좋은 시설을 (　　　　　　) 집은 보통 집값이 비싸다.

6) 저 광고 모델은 요즘 한창 (　　　　　　) 신인배우입니다.

관련 어휘

1 다음은 직업에 대한 단어입니다. 관계있는 것끼리 연결하십시오.

작가	사업가	회계사	공무원	세무사	연구원

1) 작가 •
2) 사업가 •
3) 회계사 •
4) 공무원 •
5) 세무사 •
6) 연구원 •

- 회사의 경영상태나 재무상태에 대한 감사나 상담을 해 주는 사람
- 정부기관에서 일하는 사람
- 전문적 분야의 연구를 직업으로 하는 사람
- 회사나 기업의 세금에 관련된 업무에 대해 상담해 주는 사람
- 자기 회사를 경영하는 사람
- 소설이나 드라마 등의 극본을 쓰는 사람

2 다음을 익히고 ( )에 알맞은 단어를 쓰십시오.

직업	서비스업	유통업	제조업	건설업	관광업	출판업

1) 아파트 건설회사, 댐 건설회사 ( )
2) 커피전문점, 식당 ( )
3) 여행사, 가이드 ( )
4) 제약회사, 식품회사 ( )
5) 잡지사, 출판사 ( )
6) 대형마트, 할인점, 백화점 ( )

문법 다음 대화를 완성하십시오.

1 -을수록/ㄹ 수록

1) 가: 그 광고회사에 입사하기가 힘들죠?
   나: 그럼요. 인지도가 높은 회사일수록 경쟁률이 높아요.

2) 가: 새로 들어온 신입사원은 어때요?
   나: 첫인상은 별로 좋지 않았는데 같이 일할수록 성실하고 실력있는 사람인 것 같아요.

3) 가: 좋은 회사에 들어가기 위해서는 외국어성적이 좋아야겠지요?
   나: 그렇죠. ....

4) 가: 그 회사 제품을 써 보니까 어때요?
   나: ....

2 -는/은/ㄴ 걸 보면 -는/은/ㄴ/을/ㄹ 것 같다

1) 가: 어느 시장에 투자하면 좋을까요?
   나: 요즘 아시아 시장에 투자하는 기업이 늘고 있는 걸 보면 아시아 시장의 전망이 밝은 것 같아요.

2) 가: 이번에 IT 관련 사업을 시작하려고 하는데 어떻게 생각하세요?
   나: 최근에 IT 회사들이 점점 줄고 있는 것을 보면 그쪽 업계 경기가 별로 안 좋을 것 같은데요.

3) 가: 새로 오신 팀장님은 어떤 분일까요?
   나: ....

4) 가: 앞으로 어떤 직업이 유망할 것 같아요?
   나: ....

듣기

I **다음을 듣고 질문에 답하십시오.**

1. 음악치료의 대상이 되는 사람이 <u>**아닌**</u> 것은 무엇입니까? (　　)

❶ 암환자　❷ 정신장애자　❸ 알츠하이머 환자　❹ 마음의 상처가 있는 사람

2. 건강관리사가 하는 일은 무엇입니까? (　　)

❶ 식이요법에 대한 상담을 한다.　❷ 운동기구를 판매한다.
❸ 비만인구를 조사한다.　❹ 병을 치료해 준다.

3. 실버산업에 대한 내용으로 맞으면 O표, 틀리면 X표 하십시오.

1) 노인 인구의 감소로 실버산업의 전망이 별로 좋지 않다. (　　)
2) 노인심리치료사는 노인의 소외감과 외로움을 줄여주는 직업이다. (　　)
3) 노인전용주택이나 노인병원에 대한 수요가 많아지고 있다. (　　)

읽기

I **다음을 읽고 질문에 답하십시오.**

5년 후, 그리고 10년 후에는 어떤 직업이 유망할까. 당장 인기 있는 직업을 갖는 것도 좋겠지만 10년 후에 유망한 직업을 알아보는 안목도 필요하다.

한 컨설팅 회사에서 5년 후 유망 직업으로 애견도우미, 건강관리사, 중국지역 전문가, 심리 상담사 등을 꼽았으며, 10년 후에는 노인 상담사, 음악 치료사, 여행 상품 개발자 등이 유망할 것으로 전망했다. 하지만 새로운 직업은 항상 위험성을 안고 있다. 안정성과 수익성이 없다면 언제든지 시장에서 사라질 수 있기 때문이다.

따라서 앞으로 떠오르는 첨단 기술과 새로운 서비스 산업에 대한 시장 흐름

을 읽고 그에 따라 직업을 선택하는 것이 중요하다. 미래 유망 직종을 고를 때는 일자리가 늘고 있는지, 임금이 높은지, 직업이 안정적인지 등 3가지를 종합적으로 고려해야 한다.

또한 미래 사회에서 인정받는 직업인으로서 성공하기 위해서는 남들과는 다른 자기만의 능력을 개발하고 전문성을 기르도록 노력해야 한다. 미래를 준비하는 자만이 급변하는 시대에서 살아남을 수 있다.

1. 새로운 직업이 위험한 이유는 무엇입니까?

2. 유망 직종을 선택할 때 고려해야 할 사항이 아닌 것은 무엇입니까? (　　)

❶ 안정성　　❷ 월급　　❸ 장래성　　❹ 시간적 여유

3. 맞으면 O표, 틀리면 X표 하십시오.

1) 5년 후 유망 직업은 10년 후에도 변하지 않을 것이다. (　　)

2) 건강, 상담, 여행 관련 직업은 미래 유망 직업이다. (　　)

3) 유망한 직업을 선택하기 위해서는 시장의 흐름을 읽을 수 있어야 한다. (　　)

과제와 활동

Ⅰ 다음은 한국의 뜨는 직업, 지는 직업 10가지입니다. 그 이유를 생각해 봅시다.

뜨는 직업 10선	지는 직업 10선
1. 컴퓨터 보안 전문가	1. 노점 및 이동 판매원
2. 기업 고위임원	2. 주유원
3. 항공기 정비원	3. 계산원 및 매표원
4. 조립라인 및 산업용 로봇 조직원	4. 방문 판매원
5. 컴퓨터 시스템 설계 분석가	5. 매장 정리원
6. 해외 영업원	6. 원양어부 및 해녀
7. 자연 생명과학 관련 연구원	7. 고무제품 제조 관련 조작원
8. 문화 예술 방송 관련 관리자	8. 출납 창구 사무원
9. 금융자산 운용가	9. 농림 어업 관련 단순 노무자
10. 상담 전문가	10. 법무사, 변호사

〈2007년 자료〉

Ⅱ 여러분 나라의 뜨는 직업, 지는 직업 5가지를 골라서 발표해 보십시오. 그 이유도 말해 보십시오.

뜨는 직업 5선	뜨는 이유	뜨는 직업 5선	뜨는 이유
1.		1.	
2.		2.	
3.		3.	
4.		4.	
5.		5.	

Ⅲ 여러분은 미래 사회에 어떤 직업이 생길 것 같습니까? 또 어떤 직업이 필요하다고 보십니까? 다음 제목으로 써 보십시오.

제목: 미래 사회의 직업

MP3

LESSON 26
자료 분석

학습 목표 • **문법** -다시피, -고말고 • **어휘** 자료설명에 쓰이는 어휘 • **과제** 자료 분석하고 설명하기

1 여러분이 다녔거나 다니고 있는 회사에서 이용할 만한 데이터나 자료는 어떤 것입니까?

〈보기〉 등산용품 회사: 등산 인구에 관한 자료,
등산을 가장 많이 하는 계절에 관한 자료

2 다음 제품을 개발할 때 어떤 자료가 도움이 되는지 연결해 보십시오.

1) 아파트 •	• 주부들 가사 노동에 대한 데이터
2) SUV 자동차 •	• 한국인 가정의 식생활에 대한 조사
3) 청소기 •	• 한국인의 여가 생활에 대한 자료
4) 냉장고 •	• 한국인의 주거 생활에 대한 조사

대화

부장 노트북 시장은 워낙 대기업의 점유율이 높기 때문에 획기적인 영업 전략이 필요할 것 같습니다.

과장 통계청 자료를 보시지요. 보시다시피 소비자들은 인지도보다 성능을 더 중요하게 생각하는 것으로 나타났습니다.

부장 노트북 구입조건으로 35%가 정보의 처리 속도를 가장 중요하게 생각하는군요. 그 다음이 회사 신뢰도고요.

과장 네, 무엇보다도 소비자들은 빠른 속도를 원합니다.

부장 우리가 이번에 기술 개발을 통해 정보처리 속도를 높였으니까 한번 해볼만 하겠군요.

과장 그렇고말고요. 광고만 효과적으로 잘 만든다면 경쟁사를 이길 수도 있습니다.

본문 어휘

다음을 익히고 (　　　)에 알맞은 단어를 쓰십시오.

획기적이다	통계청	성능	처리	신뢰도

1) (　　　　　)은/는 여러 가지 통계 조사를 하고 관리하는 국가 기관이다.

2) 전화는 그 당시로서는 매우 (　　　　　) 발명품이었다.

3) 전자제품은 무엇보다도 (　　　　　)이/가 좋아야 잘 팔린다.

4) 이번 설문은 많은 사람을 대상으로 조사했기 때문에 (　　　　　)이/가 높다고 할 수 있다.

5) 경력사원을 뽑는 이유는 경험이 많아서 문제 해결 능력이 좋고 일을 (　　　　　) 하는 속도가 빠르기 때문이다.

관련 어휘

1 다음을 익히고 (   )에 알맞은 단어를 쓰십시오. (2번 이상 써도 괜찮습니다)

점유율   차지하다   비중   증가하다   감소하다   늘다   줄다

3분기 세계 휴대폰 시장점유율(%)

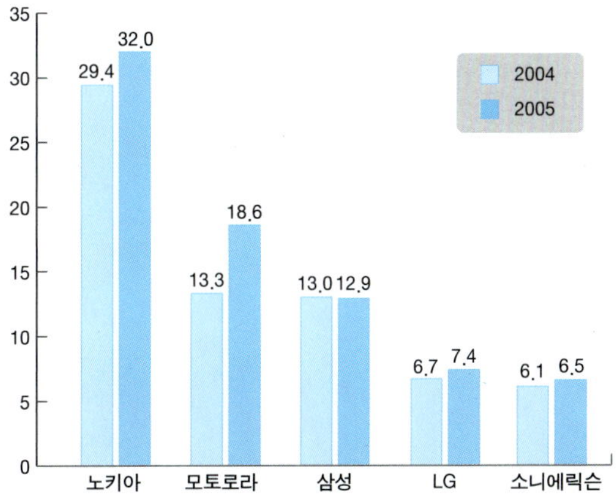

왼쪽의 데이터는 2004년과 2005년 휴대폰 업체들의 세계시장에서의 점유율을 나타낸 그래프입니다. 노키아의 시장 (   )은/는 2004년 29.4%에서 2005년에는 32.0%로 (   ). 모토로라도 13.3%에서 18.6%로 (   ). 삼성은 13.0%에서 12.9%로 약간 (   ).

자신을 위한 비용지출 항목

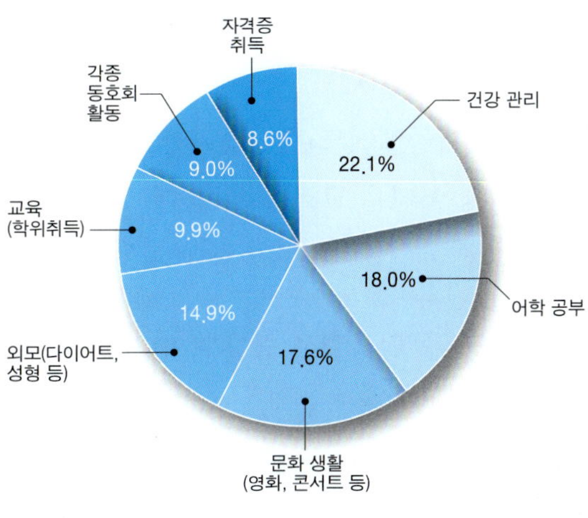

왼쪽은 직장인들이 자신을 위해 비용을 지출하는 항목들과 그 (   )을/를 나타낸 파이 그래프입니다. 비용을 가장 많이 지출하는 항목은'건강 관리'로 전체의 22.1%를 (   )고 있습니다. 가장 낮은 (   )을/를 나타낸 항목은'자격증 취득'으로 8.6%입니다.

2 다음을 익히고 관계있는 것끼리 연결하십시오.

통계청	국세청	관세청	시청	구청

1) 서대문구, 마포구, 동작구 등에 하나씩 있는 행정기관 •
2) 수출입 물품을 관리하고 거기에 따른 세금을 관리하는 기관 •
3) 국민에게 세금을 매기고 관리하는 행정기관 •
4) 서울, 부산, 인천 등의 행정 업무를 맡은 정부기관 •

• 국세청
• 관세청
• 시청
• 구청

문법 다음 대화를 완성하십시오.

1 –다시피, –었다시피/았다시피/였다시피

1) 가: 이번 등산 코스는 여자나 아이들에게도 괜찮습니까?
   나: 아까 말씀드렸다시피 중간에 어려운 코스가 두 군데 정도 있습니다.

2) 가: 그럼 다음 회의는 언제입니까?
   나: 여러분들도 아시다시피 다음 주 월요일은 공휴일이니까 화요일에 회의를 하도록 하겠습니다.

3) 가: 올해 목표 생산량은 어느 정도로 잡아야 합니까?

나: 표에서 ....

4) 가: 이번 우리 회사의 신입사원 채용 규모는 어느 정도 됩니까?

나: 아까 사장님께서도 ....

2 -고말고

1) 가: 이월 상품 매출 관련 데이터 분석은 끝낼 수 있어요?

나: 끝낼 수 있고말고요. 벌써 지난주에 끝냈어요.

2) 가: 김 대리님, 저 기억하세요?

나: 기억하고말고요. 지난번 뵈었던 박 대리님 아니세요?

3) 가: 이 데이터는 믿을 만한가?

나: .... 통계청 자료인데요.

4) 가: 구입한 물건에 문제가 있으면 바꿔주나요?

나: .... 문제가 있으면 언제든지 가지고 오세요.

듣기

Ⅰ 다음을 듣고 질문에 답하십시오.

1. 다음 그래프를 보고 (　　　)에 맞는 것을 쓰십시오.

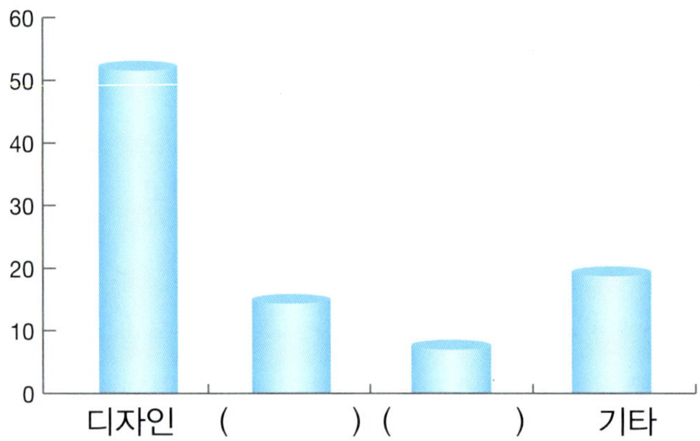

2. 고급 캐주얼 의류를 가장 많이 구입하는 장소는 어디입니까? (　　　)

❶ 백화점 정상 매장　❷ 독립 매장　❸ 상설 할인점　❹ 인터넷 쇼핑몰

Ⅱ 다음을 듣고 질문에 답하십시오.

1. 노트북 컴퓨터를 구입할 때 가장 중요한 것부터 번호를 쓰십시오.

❶ 데이터를 처리하는 속도가 얼마나 빠른가. (　　　)

❷ 고장이 나면 서비스를 잘 받을 수 있나. (　　　)

❸ 얼마나 유명한 회사의 제품인가. (　　　)

❹ 이 제품을 오래 쓸 수 있나. (　　　)

2. 다음 그래프를 보고 (　　　)에 맞는 것을 넣으십시오.

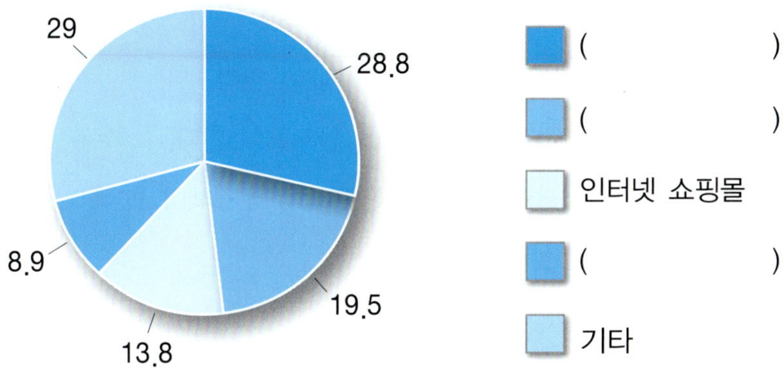

〈노트북 컴퓨터 구입 장소〉

읽기

Ⅰ **다음을 읽고 질문에 답하십시오.**

8일 서울 그랜드 호텔에서 열린 '통계활용 국제포럼'에서는 국가통계를 활용해 성공한 국내외 기업들의 사례가 발표됐다. 이번 포럼에는 국내 대기업들의 마케팅 · 기획 담당자와 학교와 연구기관 관계자, 공무원 등 총 450여 명이 참석했다.

연설자로 나선 메르세데스벤츠 코리아의 대표는 '21세기 기업 성공 조건은 통계'란 제목으로 강연을 하면서 "전 세계를 누비는 벤츠의 성공비결이 통계 속에 있었다"고 말했다. 그는 "메르세데스벤츠가 자동차를 개발할 때는 철저한 통계조사를 통해 자동차 사용인구, 교통량, 생활 패턴 관련 통계를 활용해 소비자의 요구를 고려하여 제품을 개발하고 있다"고 말했다.

국내에서는 소주 '순정'을 탄생시킨 한국주류 브랜드 팀장이 '성공의 비밀, 통계에 있다'라는 주제로 강연했다. 이 팀장은 "'순정'은 제품기획 단계에서부터 소비자의 생활 방식과 소비 동향에 관한 다양한 통계를 활용했다"며, "국내 소득과 지출의 변화에 관한 통계를 분석한 결과 외식비가 늘어나는 소비형태의 변화를 읽었으며, 소비의 동기가 경제적인 요인보다 즐거움이나 건강, 휴식 등을 중시하는 정서적인 요인이 강해지고 있음을 파악하여 제품을 개발하고 있다"고 말했다.

1. 이 글에서는 비즈니스에서 성공하려면 어떻게 해야 한다고 합니까? (   )

❶ 통계 조사를 잘 활용해야 한다.

❷ 직접 조사를 해서 통계를 내야 한다.

❸ 정부기관과 좋은 관계를 유지해야 한다.

❸ 연구기관을 활용하거나 학교와 연계해야 한다.

2. 메르세데스벤츠 코리아에서 **이용하지 않은** 자료는 무엇입니까? (   )

❶ 자동차를 사용하는 인구

❷ 운행되는 자동차의 수

❸ 소비자들의 생활 패턴

❹ 소비자들의 운전 경력

과제와 활동

I 〈자료 1〉~〈자료 7〉을 보고 아래의 업종에서 이용할 수 있는 자료를 찾아 봅시다.

업종	데이터	업종	데이터
결혼정보 업체	〈자료 2〉 〈자료 3〉	보험사	
여행사		출판사	
유학원		식품회사	
기타			

〈자료 1〉 한국인의 사망 원인

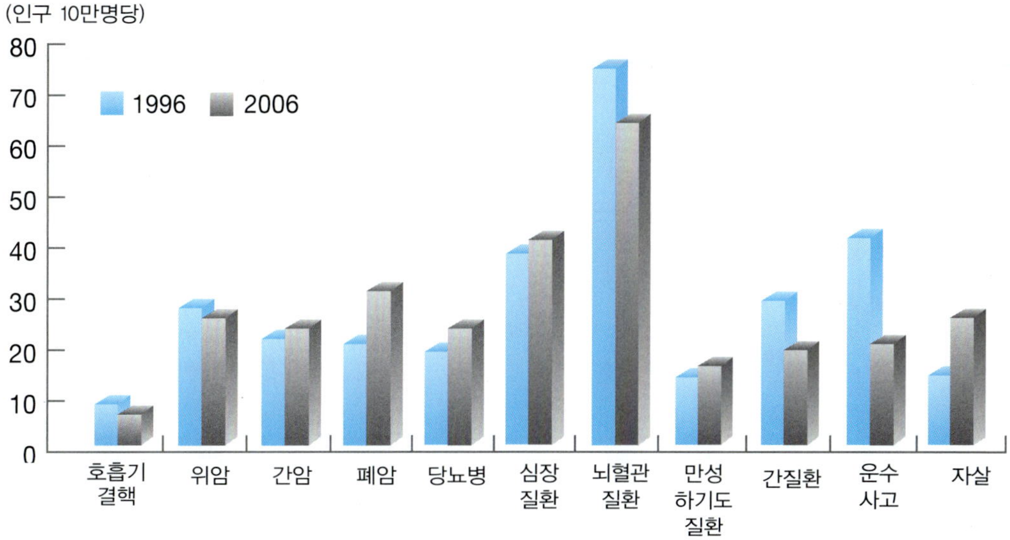

〈자료 2〉 남녀 평균 이혼 연령 추이

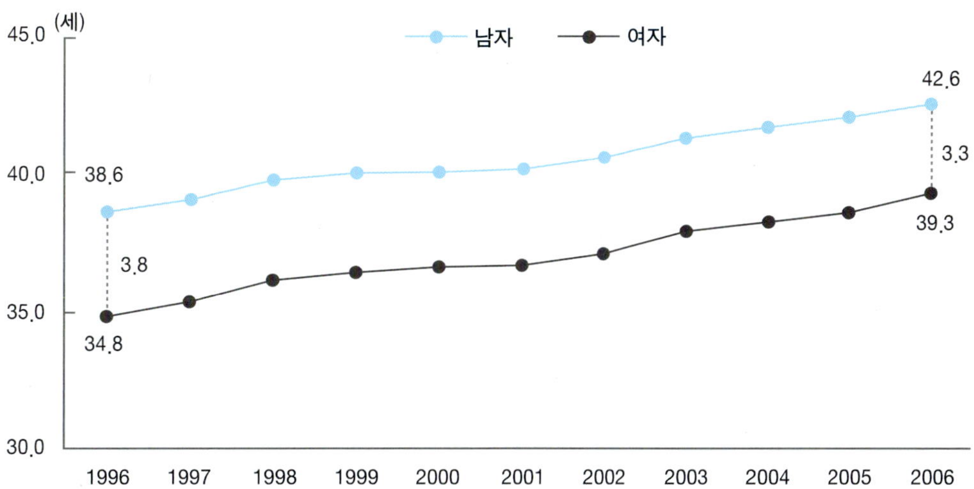

〈자료 3〉 동거기간(4년 이하, 20년 이상)별 이혼 구성비 추이

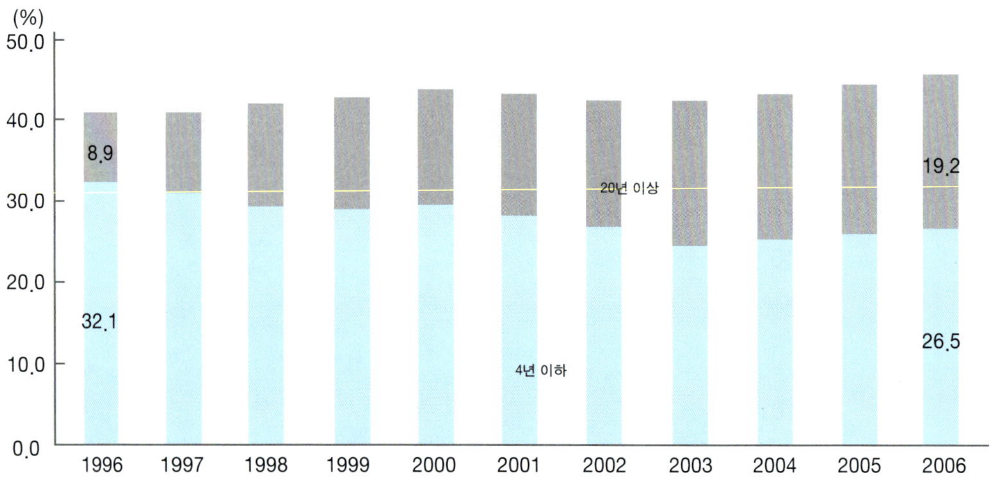

〈자료 4〉 만화 판매시장 규모(억원)

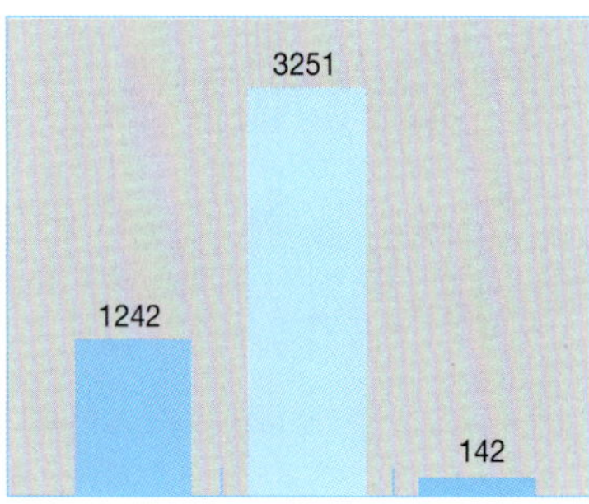

〈자료 5〉 조기유학생 추이

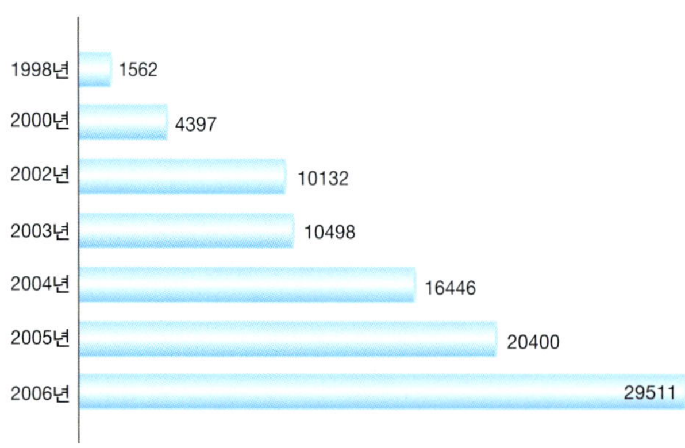

〈자료 6〉 조기유학 국가 현황

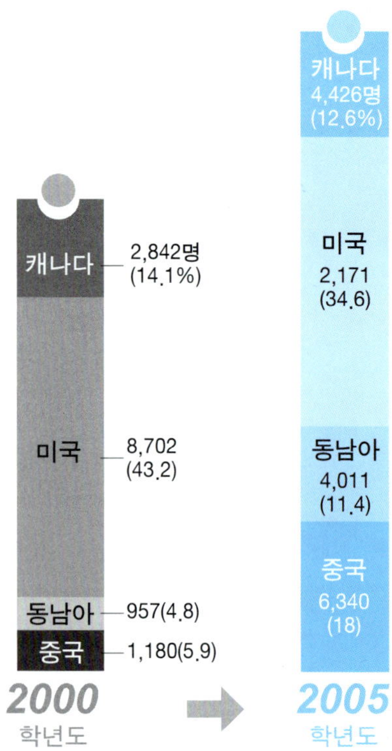

〈자료 7〉 아토피성 피부염 증가율

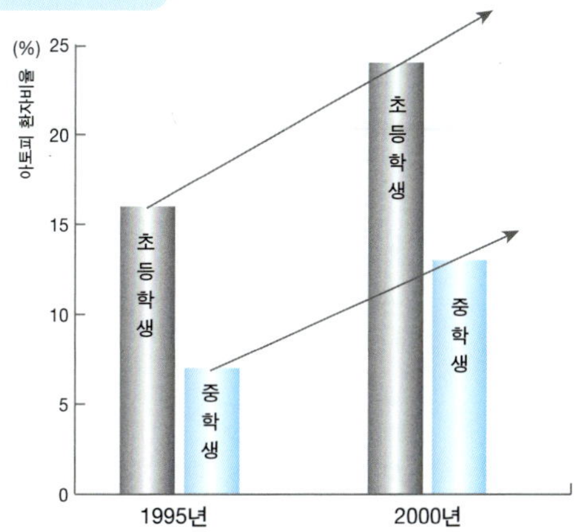

Ⅱ **하나의 업종을 선택해서 위의 자료 중 이용 가능한 자료를 분석하고 자료를 구체적으로 영업이나 마케팅에 어떻게 이용할지 이야기한 후 〈보기〉와 같이 써 봅시다.**

〈보기〉

1) 업종	결혼정보 업체
2) 이용가능 자료	〈자료 2〉, 〈자료 3〉
3) 자료 설명	〈자료 2〉는 1996년부터 2006년까지 평균 이혼 연령을 나타낸 그래프입니다. 1996년에는 이혼하는 남자의 평균 연령은 38.6세, 여성의 경우 34.8세 였습니다. 그러나 2006년에는 남성의 이혼 연령은 평균 42.6세, 여성은 39.3세로 남녀 모두 4세 가량 높아졌습니다. 〈자료 3〉은 1996년부터 2006년까지 전체 이혼하는 부부 중 4년 이내에 이혼을 하는 부부의 비중과 20년 이상 살다가 이혼하는 부부의 비중을 보여주는 그래프입니다. 4년 이내에 이혼을 하는 부부는 1996년 32.1%에서 2006년 26.5%로 조금 줄어든 모습을 보여주고 있습니다. 그러나 20년 이상 살았는데도 이혼을 하는 부부가 1996년 8.9%에서 2006년 19.2%로 크게 증가했습니다.
4) 마케팅에의 이용방법	저희 결혼 정보 업체에서는 재혼을 위한 상품을 많이 개발해야 합니다. 이혼율이 점점 늘고 있기 때문입니다. 이혼하는 평균 연령은 그래프에서 본 것처럼 2006년 현재 남자 42.6세, 여자 39.3세입니다. 따라서 저희 업체에서도 중년 이상의 회원을 적극적으로 받아들이고 또 중년에 맞는 이벤트나 행사를 많이 열어야 합니다. 또한 그래프에서 볼 수 있다시피 20년 이상 된 부부에게서 이혼율이 크게 증가한 것을 알 수 있습니다. 결혼 연령이 많이 높아진 것을 생각하면 20년 이상 된 부부가 50세 이상의 부부일 가능성이 높습니다. 따라서 50대의 재혼 프로그램도 적극적으로 개발해야 합니다.

1) 업종	
2) 이용가능 자료	
3) 자료 설명	
4) 마케팅에의 이용방법	

MP3

LESSON 27

유행과 트렌드

학습 목표
- **문법** –음에도 불구하고, –던
- **어휘** 유행 및 트렌드 관련 어휘
- **과제** 트렌드 소개하기

1 요즘 유행하고 있는 상품이 무엇인지 보기와 같이 말해 봅시다. 가지고 싶은 것이 있으면 말해 봅시다.

〈보기〉

- 휴대폰 – (프라다폰)
- 의류 – (   )
- 신발 – (   )
- 가전제품 – (   )
- 컴퓨터 – (   )
- 주택 – (   )

2 '유행'에 대해 어떻게 생각하는지 같이 이야기해 봅시다.

대화

박대리 단순하던 가전제품의 색깔과 디자인이 눈에 띄게 화려해지는 것 같아요.

김대리 소비자들의 개성이 다양해지면서 디자인에 대한 욕구가 강해지고 있기 때문이죠.

박대리 디자인이 독특한 가전제품은 다른 제품보다 고가임에도 불구하고 잘 팔리고 있다고 해요.

김대리 요즘에는 가전제품을 집안 인테리어의 한 부분으로 생각하는 주부들도 많아졌으니까요.

박대리 업체에서도 점점 높아지는 소비자들의 디자인 감각을 반영할 수밖에 없겠군요.

김대리 그럼요. 품질은 기본이고 디자인에서 앞선 회사의 시장 점유율이 높아질 겁니다.

본문 어휘

다음을 익히고 ( )에 알맞은 단어를 쓰십시오.

눈에 띄다	욕구	독특하다	감각	반영하다	앞서다

1) 그 건물에는 큰 시계탑이 있어서 멀리서 봐도 ( ).

2) 열심히 노력해야 다른 사람보다 실력이 ( ) 수 있다.

3) 편리한 생활을 하고자 하는 소비자들의 ( )이/가 점점 커지고 있다.

4) 인사담당자는 평범한 이력서보다 개성이 있고 ( ) 이력서에 관심을 가진다.

5) 이번 신제품은 주방 용품을 직접 사용하는 주부들의 아이디어를 ( ).

6) 김 대리는 패션 ( )이/가 뛰어나서 늘 세련되게 옷을 입는다.

관련 어휘

1 다음은 유행에 대한 단어입니다. (　　　)에 알맞은 단어를 쓰십시오.

유행을 쫓다	유행을 타다	유행에 뒤떨어지다	유행에 민감하다

거리를 걷다 보면 비슷비슷한 옷을 입은 사람들이 눈에 띈다. 그 사람들을 보면 요즘 유행하는 옷이 무엇인지 알 수 있다. 유행에 (　　　　　)사람들이다. 하지만 무조건 유행을 (　　　　　)다 보면 자신의 개성을 잃어버릴 수도 있다. 조금은 유행에 (　　　　　)어도/아도/여도 자신만의 독특한 보여주는 사람을 보는 것은 즐거운 일이다. 유행을 (　　　　　)지 않는 기본적인 스타일로도 얼마든지 멋을 낼 수 있다. 중요한 것은 자기만의 개성을 드러내는 것이다.

2 다음을 익히고 (　　　)에 알맞은 단어를 쓰십시오.

고가	정가　　할인가　　중저가　　판매가　　생산가

1) 경기가 나빠지면서 고가 제품보다 (　　　　　) 제품을 찾는 소비자들이 늘고 있다.

2) 백화점 할인 기간에는 보통 (　　　　　)보다 20~30% 싼 (　　　　　)에 판매한다.

3) 커피의 (　　　　　)은/는 그렇게 비싸지 않은데 커피 전문점의 (　　　　　)이/가 높은 이유는 임대료, 서비스 요금이 포함되었기 때문이다.

문법

다음 대화를 완성하십시오.

1 -음에도/ㅁ에도 불구하고

1) 가: 광고를 시작하고 나서 판매가 늘었습니까?
   나: 대대적으로 광고를 했음에도 불구하고 효과가 없는 것 같습니다.

2) 가: 요즘 불법 복제품이 문제라면서요?
   나: 정부에서 강력하게 규제를 함에도 불구하고 줄어들지 않고 있다고 해요.

3) 가: 그 제품은 나온 지 2년이나 됐는데 아직도 인기를 얻고 있군요.
   나: ....

4) 가: 그 회사는 별로 유명하지 않은 회사인데도 입사하려는 사람이 많네요.
   나: ....

2 -던

1) 가: 이 물건은 왜 이렇게 싸게 파는 거예요?
   나: 한때는 외국으로 수출하던 상품인데 이제는 인기가 없어져서 그래요.

2) 가: 왜 이렇게 기분이 안 좋으세요?
   나: 어제 15,000원 하던 주가가 오늘 13,000원으로 떨어졌거든요.

3) 가: 요즘 복고풍이 다시 유행이라고 해요.
   나: 맞아요, 10년 전에 ....

4) 가: 언제 퇴근하실 거예요?
   나: ....

듣기

I **다음을 듣고 질문에 답하십시오.**

1. 요즘 유행하는 셔츠와 넥타이가 바르게 되어 있는 것을 고르십시오. (　　　)

❶ 분홍색 셔츠, 스트라이프 무늬가 있는 넥타이

❷ 검은색 셔츠, 보라색 계열 넥타이

❸ 하얀색 셔츠, 분홍색 넥타이

❹ 스트라이프 무늬가 있는 셔츠, 파란색 넥타이

2. 들은 내용과 같은 것을 고르십시오. (　　　)

❶ 요즘 비싼 셔츠를 구입하는 남성들이 많아지고 있다.

❷ 과감한 디자인의 셔츠는 비지니스 석상에서 개성을 나타낼 수 있다.

❸ 여성복처럼 레이스 달린 셔츠가 많이 팔리고 있다.

❹ 월드컵 이후 남성들이 다양한 색깔의 셔츠를 입기 시작했다.

3. 'DJ블루'라는 말은 어떻게 해서 생겼습니까?

읽기

I 다음을 읽고 질문에 답하십시오.

2006년 10대 히트상품

1위: 판교 아파트	6위: 웰빙 차음료
2위: 슬림 휴대폰	7위: 이승엽
3위: 저도수 소주	8위: 비보이(B-boy)
4위: 영화 '왕의 남자', '괴물'	9위: 스키니(skinny) 패션
5위: 고구려 사극(주몽, 연개소문, 대조영)	10위: 평면 TV(LCD, PDP)

'유행'이 현재진행형이라면'트렌드'는 시간을 앞서가는 미래형 명사다. '트렌드'를 알면 어느 정도 미래에 대한 예측이 가능하다. 현대에 와서 소비자의 욕구도 복잡하고 다양해지고 있다. 따라서 소비자가 원하는 것을 제품의 기능이나 디자인, 마케팅에 적용하는 것이 점점 중요해졌다. 하루가 다르게 변화하는 소비자의 트렌드를 읽는 것이 비즈니스의 시작이라고 할 수 있겠다.

2006년 한국의 10대 히트상품을 살펴보면 한국의 소비 트렌드를 읽을 수 있다. 스키니 패션이나 슬림폰이 유행하는 것을 보면 소비자들이 단순하고 절제된 디자인을 선호하고 있다는 것을 알 수 있다. 평면 TV의 유행도 마찬가지이다.

'저도수 소주'나 몸에 좋은 여러 가지'차음료'가 인기를 끌고 있는 것은 아직도 웰빙 트렌드가 지속되고 있음을 보여 준다.

'판교 아파트'에 대한 관심은 여전히 한국인들이 선호하는 주거 공간이 아파트라는 것을 알려 준다. 생활의 편리성과 쉽게 사고 팔 수 있는 경제성 때문에 아파트가 여전히 인기를 끌고 있다.

일본에서 활약하고 있는 야구선수 '이승엽'과 영화 '왕의 남자'나 고구려 사극의 인기는 민족적 자부심을 느끼게 하는 문화 아이템이 공감을 받고 있다는 것을 보여 준다. 현재 많은 금융기관이나 증권사에서 한국의 이미지를 강조하는 마케팅을 펼치고 있는데 그러한 광고 문구나 홍보 문구는 고객이나 소비자의 애국심을 이용하고 있다고 볼 수 있다.

1. 2006년 한국의 소비 트렌드와 맞는 것을 모두 고르십시오. (,   )

❶ 화려하고 눈에 띄는 디자인을 선호한다.

❷ 웰빙 트렌드가 지속되고 있다.

❸ 민족적 자부심을 느끼게 하는 드라마나 영화가 인기를 끌고 있다.

❹ 아파트보다 주택을 선호한다.

2. 소비자의 트렌드를 읽는 것이 왜 중요합니까? 아닌 것을 고르십시오. (   )

❶ 소비자가 원하는 것을 알 수 있다.

❷ 제품의 기능이나 디자인, 마케팅에 적용할 수 있다.

❸ 미래 시장에 대한 예측이 가능하다.

❹ 애국심을 높일 수 있다.

3. '유행'과 '트렌드'의 차이점은 무엇입니까?

과제와 활동

Ⅰ 한국에서 히트한 상품을 살펴보면 다음과 같은 특성이 있습니다. 팀을 만들어서 한국의 트렌드에 대해 이야기 해 봅시다.

히트 상품	특성	소비 트렌드
대형할인마트 패밀리 레스토랑 커피전문점	감성 소비	예전에는 식당의 음식맛이 중요했지만 요즘에는 식당에서 받을 수 있는 서비스가 중요해졌다. 서비스를 즐기는 것이 하나의 문화로 자리 잡고 있다. 소비자들이 재래시장보다 대형할인마트를 선호하고 커피전문점이 인기를 끌고 있는 것도 감성 소비와 관계가 있다고 볼 수 있다.
중저가제품 (화장품, 의류)	합리적인 소비	
유기농제품	웰빙	
아파트, 주상복합 아파트	생활의 편리성, 경제성	
인터넷을 통한 동호회	취미나 취향에 따른 모임	
최첨단 기능의 휴대폰 초고속 인터넷 서비스	정보의 공유	
디자인이 특이한 제품	개성의 표현	

Ⅱ 여러분 나라의 소비 트렌드의 예를 들고 서로 소개해 보십시오.

MP3

LESSON 28
마케팅 전략

학습 목표 • **문법** -고자, -음으로써 • **어휘** 마케팅 전략 관련 어휘 • **과제** 마케팅 전략 짜고 발표하기

1 한국의 대형마트에서는 물건을 팔 때 덤으로 제품을 한 개 더 주는 경우가 있습니다. 이 판매 전략에 대해서 어떻게 생각합니까?

2 한국이나 여러분 나라에서 제품 판매를 늘리기 위한 방법으로 또 어떤 것이 있는지 이야기해 봅시다.

대화

과장 오늘은 우리 '풍년 만두'의 매출을 늘릴 수 있는 방법에 대해 의논하고자 모였습니다.

부장 우리가 벤치마킹할 만한 업체가 있으면 말씀해 주시기 바랍니다.

과장 '내고향 김치'에서는 주부들을 공장으로 초대해 위생적인 공정을 보여 주고 맛을 보게 함으로써 단골 고객으로 만들었다고 합니다.

부장 몇 달 전 비위생적인 수입 만두가 사회문제가 됐었는데 우리도 소비자에게 직접 생산과정을 보여 주고 신뢰를 하게 만들면 되겠군요.

과장 네, 뭐니뭐니해도 식품업계에서 가장 효과적인 광고는 주부들의 입소문입니다.

부장 우리도 주부들의 마음을 얻을 수 있는 마케팅 방법을 생각해 봐야겠습니다.

본문 어휘

다음을 익히고 (   )에 알맞은 단어를 쓰십시오.

벤치마킹	위생적이다	공정	단골 고객	마음을 얻다

1) 주방은 다른 곳보다도 (   ) 관리가 필요하다.

2) 꾸준하게 우리 제품을 사용하는 (   )을/를 늘려야 합니다.

3) 명품은 까다로운 (   )을/를 거치기 때문에 불량률이 매우 낮다.

4) 선진국의 영업 전략을 (   )해서 매출을 늘리는 방법을 생각해 보아야 한다.

5) 감성 서비스란 소비자들에게 진심 어린 최고의 서비스를 제공하여 소비자들의 (   ) 서비스를 말한다.

관련 어휘

1 다음을 익히고 관계있는 것끼리 연결하십시오.

끼워 팔기	무료 체험권	세트 판매	경품
사은품	포인트 적립	시음 · 시식행사	

1) 끼워 팔기 •	• 이 쿠폰으로 저희 찜질방을 1회 무료로 이용할 수 있습니다.
2) 무료 체험권 •	• 저희 백화점 물건을 이용하시는 분 중 1명을 추첨해서 자동차를 드립니다.
3) 세트 판매 •	• 저희 카드의 회원이 되시면 우산을 드립니다.
4) 경품 •	• 매장을 이용하실 때마다 카드의 점수가 올라가서 나중에 현금처럼 사용할 수 있습니다.
5) 사은품 •	• 이 소설책은 5권까지 있는데 5권을 한 번에 구입하면 20% 할인해 드립니다.
6) 포인트 적립 •	• 예식장을 예약할 때 그 예식장에서 제공하는 웨딩드레스를 입어야 합니다.
7) 시음 · 시식행사 •	• 무료로 식품을 맛볼 수 있습니다.

2 **다음을 익히고 (　　　) 안에 알맞은 단어를 쓰십시오.**

비위생	비수기　비매품　비공식　비생산　비영리

1) 죄송하지만 이 물건은 매장 인테리어용으로 전시해 놓은 (　　　　　)입니다.

2) 에어컨이 잘 팔리지 않는 (　　　　　)은/는 10월부터 5월경까지이다.

3) 유년, 소년, 노년층을 (　　　　　) 인구라고 한다.

4) '아름다운 가게'는 판매수익금으로 어려운 이웃과 단체를 돕는 (　　　　　) 단체이다.

5) 중국 순방중인 대통령은 공식 일정을 끝내고 (　　　　　) 일정으로 백두산을 방문한다고 한다.

문법

다음 대화를 완성하십시오.

1 –고자

1) 가: 이번에 기획한 마케팅 전략이 매우 좋더군요.
   나: 신선한 마케팅 방법을 찾고자 많은 노력을 했습니다.

2) 가: 오늘 회의 안건은 무엇입니까?
   나: 신상품 영업 전략을 의논하고자 모이시라고 했습니다.

3) 가: 어떻게 오셨습니까?
   나: .... 왔습니다.

4) 가: 사후관리팀에서는 좋은 서비스를 제공하고 있습니까?
   나: 네, ...

2 **–음으로써/ㅁ으로써**

1) 가: 어떤 방법으로 매출을 늘렸습니까?

나: 디자인보다는 제품의 다양한 기능을 홍보함으로써 매출을 늘렸습니다.

2) 가: 식품회사들이 백화점 시식회를 선호하는 이유가 뭐예요?

나: 그건 소비자들에게 새 상품을 맛 볼 수 있는 기회를 제공함으로써 그 반응을 현장에서 즉각 알 수 있으니까요.

3) 가: 해외에 지사를 만드는 이유는 무엇입니까?

나: .... 해외에서의 영업 활동을 좀 더 효율적으로 할 수 있기 때문입니다.

4) 가: 매장 직원들의 서비스가 소비자들로부터 좋은 평가를 받았다고요?

나: 네, ... 직원들의 서비스 질을 높였습니다.

듣기

I 다음을 듣고 각 제품의 마케팅 전략이 무엇인지 <보기>에서 골라 표에 쓰십시오.

〈보기〉

가. 고정관념을 깨트렸다.

나. 편리성에 초점을 맞추었다.

다. 대상 고객을 바꾸었다.

라. 친근하고 재미있는 이미지를 심어주었다.

마. 사후 관리 서비스를 강화했다.

	마케팅 전략
듣기 1	
듣기 2	
듣기 3	

읽기

I 다음을 읽고 질문에 답하십시오.

전 세계 모든 기업들이 마케팅에 최선을 다하고 있다. 마케팅을 품질보다 더 중요한 성공 요소라고 생각하기 때문이다. 실제로, 아무리 좋은 제품이라고 해도 마케팅에 실패하면 그 제품은 사라지거나 영원히 2등 제품으로 남는 반면 마케팅을 잘 하면 제품의 가치 이상으로 매출이 올라가기도 한다.

우리가 TV 광고를 통해 알게 되고 좋은 이미지를 가지게 된 제품, 쇼핑하기 좋은 장소에 잘 진열되어 있는 제품, 고장이 나면 애프터서비스를 친절하게 받을 수 있는 제품, 그래서 더욱 믿을 수 있어서 계속 구매하게 되는 제품들은 모두 훌륭한 마케팅의 결과로 볼 수 있다.

마케팅은 신제품을 개발하고 기존 제품을 개선하는 것부터 시작해 제품을 잘 알리고 이를 최종 소비자들에게 전달할 때까지의 모든 과정을 포함한다. 아무리 훌륭하고 대단한 상품이라도 실제로 소비자가 구매하지 않는다면 상품으로서는 ㄱ) **무용지물이 되고 만다.**

세계적인 대기업들을 자세히 살펴보면 좋은 제품을 생산하는 능력이 뛰어나다기보다 마케팅 능력이 훌륭한 회사들이라는 것을 알 수 있다. 생산은 인건비가 싼 곳에 맡기고 생산된 상품에 상표만 붙이는 일도 많다. 생산 공장을 가지고 있지 않은 대기업들이 많은 것은 이런 이유 때문이다. 그러나 그 제품을 알리고 유통시키고 판매하는 마케팅에는 최선을 다한다. 그만큼 마케팅은 대기업의 성공과 실패를 결정하는 중요한 요소이다.

1. 이 글의 내용과 맞는 것은 무엇입니까? (　　)

❶ 마케팅은 제품을 알리는 단계에서부터 시작된다.

❷ 대기업들은 마케팅 능력보다 제품 개발 능력이 뛰어나다.

❸ 품질이 판매의 성공을 결정하던 시대는 지났다.

❹ 세계적 대기업들은 경쟁적으로 생산 공장을 늘리고 있다.

2. ㄱ) **무용지물이 되고 만다**와 바꾸어 쓸 수 있는 말은 무엇일까요? (　　)

❶ 상품 가치가 없어진다.

❷ 상품 가격이 떨어진다.

❸ 상품의 질이 떨어진다.

❹ 상품의 기능이 떨어진다.

3. 윗글에서 성공한 마케팅 전략의 예로 들지 **않은** 것은? (　　)

❶ 광고가 훌륭하다.

❷ 유통을 잘 한다.

❸ 사후관리를 잘 해 준다.

❹ 가격을 낮춘다.

과제와 활동

Ⅰ **다음은 시장 점유율이 낮거나 업계에서 언제나 2등 자리를 지키는 제품들입니다. 팀을 짜서 한 업체를 골라 어떻게 하면 매출을 높이고 업계의 1등이 될 수 있을지 자유롭게 마케팅 전략을 짠 후에 표에 정리해 봅시다.**

1. 꼬꼬네 (치킨 전문점)

꼬꼬네는 경기도에 대규모의 닭농장을 운영하여 질 좋은 닭을 재료로 다양한 치킨요리를 파는 회사이다. 1998년에 문을 열어 2007년 현재 전국 400여 개의 체인점을 가지고 있다. 품질 면에서 업계 1위인 엄마 치킨, 2위인 홍가네 치킨에 뒤떨어지지 않지만 매출은 오르지 않고 있다. 어떻게 하면 시장 점유율을 높일 수 있을까?

2. 수연 라면 (라면)

수연 라면은 1990년대까지만 해도 라면 업계에서 1위의 자리를 차지하고 있었다. 그러나 경쟁사인 동인 라면에서 생산한 '원 라면'이 히트를 치면서 그 이후 계속 2위 자리에 머무르고 있으며 매출면에서 1위와의 차이가 점점 벌어지고 있다. 1위 자리를 다시 찾을 마케팅 전략은 없을까?

3. 미인 (화장품)

미인은 1960년대에 사업을 시작한 전통있는 화장품 회사이다. 그 당시에는 매우 인기있는 상품이었으나 1980년대 이후 대기업들이 화장품 사업에 진출한 이후 경쟁이 심해지면서 점차 매출이 줄어들고 있다. 지금은 40~50대 여성들에게 인지도가 있는 편이다. 더 넓은 소비자층으로 제품을 확대할 수 없을까?

4. 어깨동무 (문구)

1992년에 문을 연 문구회사이다. 값이 싸고 대중적인 필기류를 중심으로 제품을 생산하고 있는데 요즘에는 많은 팬시 회사들이 문을 열면서 화려하고 다양한 문구들을 생산하고 있어서 경쟁이 치열하다. 값도 싸면서 질도 좋은 어깨동무의 매출을 올리려면 어떻게 해야 할까?

제품	
문제점	
마케팅 전략	

BUSINESS KOREAN

LESSON 29 대인관계

MP3

학습 목표 • 문법 -다 보면, 도 이지만 • 어휘 대인관계 관련 어휘 • 과제 직장에서 주의해야 할 말에 대해 알아보기

1 회사생활을 잘 하기 위해서 중요하다고 생각하는 것은 무엇입니까? ✔표 하십시오.

성격 (　　)	실력 (　　)	말솜씨 (　　)	인맥 (　　)	예절 (　　)

2 회사 내 사람들과의 관계에서 제일 어려운 것이 무엇입니까? 왜 그렇게 생각합니까? 같이 이야기해 봅시다.

대화

이진호	아까 회의할 때 김 부장님 때문에 기분이 많이 나쁘셨겠어요.
김민수	괜찮아요. 일을 하다보면 서로 의견이 달라서 부딪칠 때도 있지요.
이진호	김 부장님은 일의 효율성을 너무 중요시하는 분이라서 다른 사람의 마음을 상하게 할 때가 있어요.
김민수	사람보다 일이 우선이라고 생각하셔서 그런 것 같아요.
이진호	저도 성격이 다소 내향적인 편이라 회사에서 인간관계로 스트레스 받을 때가 제일 힘든 것 같아요.
김민수	사람들마다 개성도 다르고 성격도 달라서 힘들 때가 있어요. 일도 일이지만 서로를 좀 더 존중하는 분위기가 되면 좋겠지요.

본문 어휘

다음을 익히고 (　　　)에 알맞은 단어를 쓰십시오.

부딪치다	효율성	중요시하다	상하다	우선이다	존중하다

1) 음식이 (　　　　　　　)기 전에 냉장고에 넣어 두세요.

2) 이 유리그릇들은 서로 (　　　　　　　) 깨지니까 조심하세요.

3) 컴퓨터를 이용하게 되면서 일의 속도가 빨라지고 (　　　　　　　)도 좋아졌다.

4) 광고보다는 제품의 질이 (　　　　　　　).

5) 대화할 때 제일 중요한 것은 상대방을 (　　　　　　　) 태도이다.

6) 학력보다 실력을 (　　　　　　　) 사회가 되어야 한다.

관련 어휘

1 다음은 대인 관계에 관련된 단어입니다. (　　　)에 알맞은 단어를 쓰십시오.

대인관계	원만하다	발이 넓다	붙임성이 좋다	평판

1) 김 대리는 회사 사람들과 사이가 좋고 인간 관계가 (　　　　　　　).

2) 미선 씨는 (　　　　　　　) 누구하고도 금방 친해진다.

3) 아무리 실력이 좋아도 (　　　　　　　)에 문제가 있으면 좋은 평가를 받기가 힘들다.

4) 철우 씨는 (　　　　　　　) 아는 사람이 많다.

5) 박 부장님은 대체로 누구에게서나 좋은 (　　　　　　　)을/를 받는 분이다.

2 다음을 익히고 (　　　)에 알맞은 단어를 쓰십시오.

내향적	사교적　비사교적　적극적　소극적　외향적

사람을 쉽게 사귀는 (　　　　　　)인 사람은 쉽게 사귀지 못하는 (　　　　　　)인 성격의 사람보다 비교적 인간관계의 어려움을 느끼지 않는다. 아무래도 내향적인 사람은 활동적이고 사람 만나는 것을 좋아하는 (　　　　　　)인 성격의 사람보다 인간관계가 어렵다고 생각할 수 있다. 그런 사람에게는 다른 사람이 먼저 말을 걸기를 기다리는 (　　　　　　)인 태도보다는 용기를 내서 먼저 다가가는 (　　　　　　)인 태도가 필요하다.

문법

다음 대화를 완성하십시오.

1 –다 보면

1) 가: 컴퓨터로 문서를 작성하는 일이 정말 힘들어요.
   나: 처음이라서 힘들겠지만 자꾸 하다 보면 익숙해질 거예요.

2) 가: 자동차를 판매하는 일이 이렇게 힘든 일인지 몰랐어요.
   나: 경력이 쌓이다 보면 잘 할 수 있을 테니까 너무 걱정하지 마세요.

3) 가: 요즘 회사일이 너무 힘들어서 그만두고 싶을 때가 많아요.
   나: ....

4) 가: 김 선배님과 좀 더 친해지고 싶은데 좋은 방법이 없을까요?
   나: ....

2 도 이지만/지만

1) 가: 회사생활에서 가장 중요한 것이 무엇일까요?
   나: 일도 일이지만 무엇보다 동료들과 원만하게 관계를 유지하는 것이 중요해요.

2) 가: 회사일이 너무 바빠서 하루에 4시간 이상을 못자요.
   나: 회사일도 회사일이지만 건강도 중요하니까 좀 더 신경 쓰세요.

3) 가: 요즘 가전제품의 기능이 아주 우수해졌어요.
   나: 그래서 요즘엔 ....

4) 가: 요즘 피부 관리를 받는 여성들이 많아지고 있대요.
   나: ....

듣기

I **다음을 듣고 질문에 답하십시오.**

1. 무엇에 대해 이야기 하고 있습니까? (　　　)

❶ 좋은 인상 만드는 법　❷ 얼굴 근육 운동법
❸ 아름다운 미소　❹ 적극적이고 긍정적인 태도

2. 좋은 표정을 만들기 위한 방법으로 다른 것을 고르십시오. (　　　)

❶ 얼굴 근육을 수시로 올려 준다.
❷ 미소를 생활화한다.
❸ 자기 전에 하루를 반성하는 시간을 갖는다.
❹ 규칙적으로 식사를 한다.

3. 사람의 인상을 좌우하는 것을 두 가지 쓰십시오.

1)

2)

읽기

I 다음을 읽고 질문에 답하십시오.

〈ㄱ〉 직장생활을 하면서 누구나 한 두 번은 인간 관계로 인해 스트레스를 받을 때가 있다. 그럴 땐 생각을 바꿔 보도록 하자. 우선 다른 사람이 나와 다르기 때문에 늘 문제가 생길 수 있다는 것을 인정해야 한다. 또한 일을 하는 것만으로 월급을 받는 것이 아니라 인간 관계의 불편함도 월급에 포함되어 있다고 생각해 본다. 이런 마음을 가지면 곧 마음이 편해질 것이다.

〈ㄴ〉 화가 나는 걸 참을 필요는 없다. 오히려 화를 내지 않고 참는 것이 나중에 문제가 된다. 그러나 화를 내기 전에 잠깐 생각하는 시간을 가져야 한다. 가령 후배가 실수를 했을 때 "나도 저렇게 실수를 해서 선배를 힘들게 했을지도 몰라" 라든가, "내 지시가 잘못되었을지도 모르지"등등 잠깐 생각하는 시간을 갖는다.

〈ㄷ〉 회사에서 사이좋게 지낼 수 있는 사람은 몇 명이면 충분하다. 중요한 것은 상대가 당신에게 호의를 보이지 않아도 상처받지 말라는 것이다. 그 사람 역시 한정된 사람에게만 호의를 보일 것이고 인간관계는 변할 수 있는 것이라는 생각을 해야 한다. 어떤 상황에서 예기치 않은 계기로 친해질 수 있을지도 모른다.

〈ㄹ〉 늘 문제를 제기하는 상사에게 가끔은 본심을 드러내며 부딪쳐 보는 과정도 필요하다. "과장님, 지금까지 몇 번의 기획서를 제출했는데 한 번도 통과되지 않았습니다. 그래서 좀 자신감을 잃었습니다. 제 기획에 무엇이 부족한지 가르쳐주시지 않겠습니까?" 이런 식으로 말이다. 이렇게 솔직하게 접근하면 상대방 역시 당신에게 친절하게 응답할 것이다.

1. 다음 보기의 소제목이 어느 단락에 알맞은지 골라서 쓰십시오.

〈보기〉

1. 누구와도 사이가 좋을 수는 없다
2. 대인관계도 월급의 일부로 생각하자
3. 화가 날 땐 한 호흡을 쉬고 난 후 대응하라
4. 진심을 솔직히 드러내면 관계는 변한다

〈ㄱ〉 – (　　　) 〈ㄴ〉 – (　　　) 〈ㄷ〉 – (　　　) 〈ㄹ〉 – (　　　)

2. 직장생활을 잘 하기 위해 필요한 태도는 무엇입니까? (　　)

❶ 다른 사람과 생각이 다르면 내 생각을 따르도록 한다.

❷ 화가 나더라도 끝까지 참고 화를 내지 않는 것이 좋다.

❸ 인간관계는 변하지 않는다고 생각한다.

❹ 윗사람에게 솔직하게 말할 필요도 있다.

3. 맞으면 O표, 다르면 X표 하십시오.

1) 직장 내의 인간관계는 변할 수 있다. (　　)

2) 늘 문제를 제기하는 상사에게는 상사의 문제점에 대해 충고한다. (　　)

3) 직장에서 모든 사람이 좋아하는 사람이 되어야 한다. (　　)

과제와 활동

Ⅰ 여러분은 회사에서 제일 듣고 싶은 말이 무엇입니까? 아래의 표에 써보고 서로 이야기해 봅시다.

선배에게 듣고 싶은 말	동료에게 듣고 싶은 말	후배에게 듣고 싶은 말

Ⅱ 어떤 선배/후배가 좋은지 아래의 표에 써보고 서로 이야기해 봅시다.

이런 선배가 좋다	이런 후배가 좋다

Ⅲ **다음 한국 사람들의 대답을 보고 여러분의 답과 비교해 보십시오.**

〈회사에서 듣고 싶은 말과 듣기 싫은 말〉

듣고 싶은 10가지 말	듣기 싫은 10가지 말
1. 수고 했어요! 자네가 최고야! 2. 이번일은 자네 덕분에 잘 끝났네. 3. 괜찮아요. 실수할 수도 있어요. 4. 오늘 내가 한잔 살게요. 5. 그런 인간적인 면이 있군요. 6. 내가 뭐 도와 줄건 없을까요? 7. 나도 잘 모르겠는데 도와줄래요? 8. 그래, 자네를 믿네. 9. 패션 감각이 돋보이는데요. 10. 조금 더 참고 고생합시다.	1. 그렇게 해서 월급 받겠나? 2. 시키면 시키는 대로 해요. 3. 내가 사원일 때는 더한 일도 다 했어. 4. (퇴근 시간에 일거리 주며) 내일 아침 까지 해 놔. 5. 야! 너 이리와! 6. 이거 확실해? 근거 자료 가져와 봐. 7. 이번 실수는 두고두고 참고하겠어. 8. 머리가 나쁘면 몸으로 때워. 9. 자넨 성질 때문에 잘 되긴 틀렸어. 10. 요새 한가하지? 일 좀 줄까?

〈싫어하는 선후배의 유형〉

이런 선배가 싫다	이런 후배가 싫다
1. 칭찬에는 인색하고 실수에 대해서만 지적하는 선배 2. 사사건건 간섭하고 잔소리하는 선배 3. 퇴근시간에 회의하자고 하는 선배 4. 사적인 심부름시키는 선배 5. 회식에서 무리한 요구를 하는 선배	1. 거짓말을 잘 하는 후배 2. 야단치고 있는데 꼬박꼬박 말대답하는 후배 3. 시킨 일 제대로 처리하지 못하는 후배 4. 업무시간에 딴 짓 하거나 자리 비우고 노는 후배 5. 다른 사람들 앞에서 내 체면 깎는 후배

비즈니스 Tip

한국의 미신이나 주의해야 할 행동에 대해 알아볼까요?

서양 사람들은 숫자 '13'을 싫어하지만 한국 사람들은 보통 숫자 '4'를 싫어합니다. 한자의 죽을 사(死)와 숫자 사(四)의 발음이 같기 때문입니다. 이런 이유로 건물의 4층을 F로 표시하는 경우도 많습니다.

시험에 대한 미신도 많습니다. 시험 보는 날엔 보통 미역국을 먹지 않는데 미끌미끌한 미역국처럼 시험에서 미끄러질까 봐 그렇습니다. 그래서 '미역국 먹었다'는 말은 시험에 떨어졌다는 말로도 쓰입니다. 한편 끈적끈적한 찹쌀떡이나 엿은 끈적끈적해서 어디에든 잘 붙기 때문에 시험을 보는 사람에게는 시험에 붙으라고 찹쌀떡이나 엿을 선물합니다.

옛날에 한국 사람들은 밤에 휘파람을 불거나 손톱, 발톱을 깎으면 좋지 않다고 생각했습니다. 실내에서 우산을 펴면 그날 운수가 안 좋고 방의 문턱을 밟아도 재수가 없다고 합니다. 이런 미신은 위험한 행동을 하지 말라는 뜻에서 생긴 것으로 보입니다.

또한 이름을 쓸 때는 빨간 색으로 쓰지 않도록 주의해야 합니다. 죽은 사람의 이름을 빨간 색으로 쓴다고 생각하기 때문입니다. 앉아 있을 때 다리를 떠는 행동도 하면 좋지 않습니다. 이렇게 하면 복이 나간다고 합니다.

MP3

LESSON 30

존경받는 기업

학습 목표 • 문법 –기란 여간 –은 일이 아니다, 이든지 • 어휘 기업의 사회환원 관련 어휘 • 과제 기업의 사회 환원 방식에 대해 토론하기

1 어떤 기업이 가장 존경을 받습니까? ✔ 표 하십시오.

기부를 많이 하는 기업	( )	세금을 잘 내는 기업	( )
수출을 많이 하는 기업	( )	환경을 생각하는 기업	( )
창업주의 이미지가 좋은 기업	( )	종교와 관련된 기업	( )
기타 …………………………			

2 여러분 나라의 기업 중 존경받는 기업이나 기업인이 있습니까? 어떤 면에서 존경을 받는지 소개해 보십시오.

대화

사장 이제 우리 회사도 어느 정도 자리를 잡았으니 사회 환원에 관심을 가져야 할 때라고 봅니다.

이사 맞습니다. 우리가 이 사회에서 지속적으로 그리고 안정적으로 성장하기 위해서도 존경받는 기업 이미지를 갖추는 게 중요합니다.

사장 매출도 안정적이면서 존경받는 기업이 되기란 사실 여간 어려운 일이 아닙니다.

이사 네, 하지만 그건 우리의 의지에 달려 있습니다.

사장 어떤 방식으로든지 공익을 위한 사업에 관심을 돌리도록 해 봅시다.

이사 네, 사회 환원에 힘쓰는 다른 기업들을 연구해 보고 환원의 규모와 방식을 생각해 보겠습니다.

본문 어휘

다음을 익히고 (　　　)에 알맞은 단어를 쓰십시오.

환원	지속적으로	의지	방식	공익

1) 재벌 기업들은 수익을 어느 정도 사회로 (　　　　)을/를 해야 할 의무가 있다.

2) 재능만큼 중요한 것이 강한 (　　　　)이다.

3) 업계 1위를 유지하기 위해서는 (　　　　) 노력해야 한다.

4) 암웨이와 같은 다단계 기업은 제품을 판매하는 (　　　　)이/가 일반 회사들과 다르다.

5) 그 병원은 의료시설이 부족한 시골에 가서 무료검진을 하는 등 (　　　　)사업을 늘려가고 있다.

관련 어휘

1 다음을 익히고 (   )에 알맞은 단어를 쓰십시오.

기부	후원	장학사업	자선사업	사회사업

1) 돈이 없어서 공부를 못 하는 학생들을 위한 (   )을/를 하고 싶다.
2) 대학의 전공 중에는 사회의 가난한 계층, 소외된 계층을 돕는 일을 전문적으로 배우는 (   ) 학과가 있다.
3) 이번 장애인 콘서트는 장애인 복지재단에서 (   )을/를 한다.
4) 김 사장은 매달 고아원이나 양로원에 돈을 보내며 (   )을/를 펼치고 있다.
5) 이번 태풍으로 집을 잃은 사람들을 위해 우리 회사에서는 1,000만 원을 (   )했다.

2 다음을 익히고 두 단어에 공동으로 들어갈 알맞은 단어를 쓰십시오.

공익	공중	공공	공동	공영

1) (   )투자, (   )경비구역
2) (   )전화, (   )목욕탕
3) (   )방송, (   )기업
4) (   )시설, (   )단체

문법

다음 대화를 완성하십시오.

1 –기란 여간 –은/ㄴ 일이 아니다

1) 가: 다음 분기까지 매출을 10% 올리도록 하세요.
   나: 무리입니다. 매출을 10% 올리기란 여간 어려운 일이 아닙니다.

2) 가: 우리 백화점에 오신 고객이 모두 만족하실 수 있도록 노력해야 합니다.
   나: 하지만 모든 고객을 만족시키기란 여간 힘든 일이 아닙니다.

3) 가: 회사에 다니면서 대학원 공부를 하기가 참 어렵군요.
   나: ....

4) 가: 외국에서 직장생활을 하는 데에 가장 어려운 점은 가족과 떨어져 사는 것입니다.
   나: ....

2 이든지/든지

1) 가: 제품에 하자가 있으면 교환은 가능하지요?
   나: 물론이에요. 환불은 어렵지만 교환은 언제든지 가능합니다.

2) 가: 섬에서도 서비스를 받을 수 있나요?
   나: 신청만 하시면 어디에서든지 받으실 수 있습니다.

3) 가: 이번에 입사한 신입사원 김지희라고 합니다.
   나: 반갑습니다. 모르는 것이 있으면 ....

4) 가: 이 보험에 저 같은 사람도 가입할 수 있나요?
   나: 그럼요. ....

듣기

I 다음을 듣고 질문에 답하십시오.

1. 이 기업은 어떤 제품을 만드는 회사입니까?

2. 이 기업이 사회로부터 존경을 받는 이유는 무엇입니까?

II 다음을 듣고 질문에 답하십시오.

1. 이 기업은 어떤 점에서 사회의 존경을 받습니까?

2. 유한재단이 하는 일이 아닌 것은 무엇입니까? (　　)

❶ 장학금 지원　❷ 예술인 후원　❸ 기술문화 연구　❹ 장애인 지원

읽기

I 다음을 읽고 질문에 답하십시오.

28일 한국 대학교에서 열린 국제 포럼에 연설자로 참석한 존 대너 교수는 "아직도 많은 기업들의 사회활동 수준이 2단계나 3단계에 머물러 있지만 결국 4단계를 지향해야 한다"고 말했다.

대너 교수가 정의하는 2단계의 기업들은 '경영자를 위해 돈을 벌고 할 수 있는 만큼 제품을 많이 만들며, 안정적인 고용을 위해 직원들에게 정당한 임금을 지급하는'기업이다.

그는 3단계에 와서야 사회와 기업의 비중을 비슷하게 다루기 시작하면서 기업이 사회활동에 대한 관심을 가지기 시작한다고 했다. 사회 공헌 활

동에 관심이 많은 유니레버의 회장이었던 나일 피츠제럴드는 직원들에게 기업의 사회활동이 기업의 비즈니스를 위한 것이라고 했는데 이 단계가 3단계에 해당한다고 한다.

4단계는 기업의 사회적 책임을 넘어서는 전혀 새로운 영역이라고 정의했다. 4단계에 있는 기업은 직원들의 재능을 사용해 그들의 삶과 사회의 수준을 적극적으로 개선시켜 준다. 대너 교수는 최근 4단계에 근접해 가는 회사로 구글을 주목하고 있다고 말했다.

그는 기업의 사회적 책임에 대한 개념이 3단계에서 4단계로 진화하고 있고 이런 변화를 그냥 지켜보느냐, 앞서 나가는 경쟁자들을 따라하느냐, 앞서나가는 자가 되느냐에 대한 선택이 앞으로 기업의 미래를 좌우하게 될 거라고 말했다.

1. 이 글의 중심 내용은 무엇입니까? (　　)

❶ 많은 기업들은 사회활동의 수준을 높이는 방향으로 나아가야 한다.

❷ 기업들은 여전히 이윤 추구를 최고의 목적으로 생각한다.

❸ 현재 기업들은 사회적 책임에 눈을 뜨기 시작했다.

❹ 기업들은 수익 추구를 포기해야 한다.

2. 맞으면 O표, 틀리면 X표 하십시오.

1) 유니레버는 사회와 기업의 비중을 유사하게 다루는 기업이다. (　　)

2) 구글은 최고 단계의 사회적 기업이 된 지 오래되었다. (　　)

3) 현재 대부분의 기업은 2단계를 벗어났다. (　　)

과제와 활동

Ⅰ 싸이월드는 개인의 미니홈피를 만들고 관리하도록 도와주는 웹사이트로 가입자 수가 2,000만 명이 넘습니다. 해마다 매출이 크게 늘고 있는 싸이월드에서는 다음과 같은 캠페인을 진행하고 있습니다. 여러분 나라에도 이와 비슷한 경우가 있는지 이야기해 봅시다.

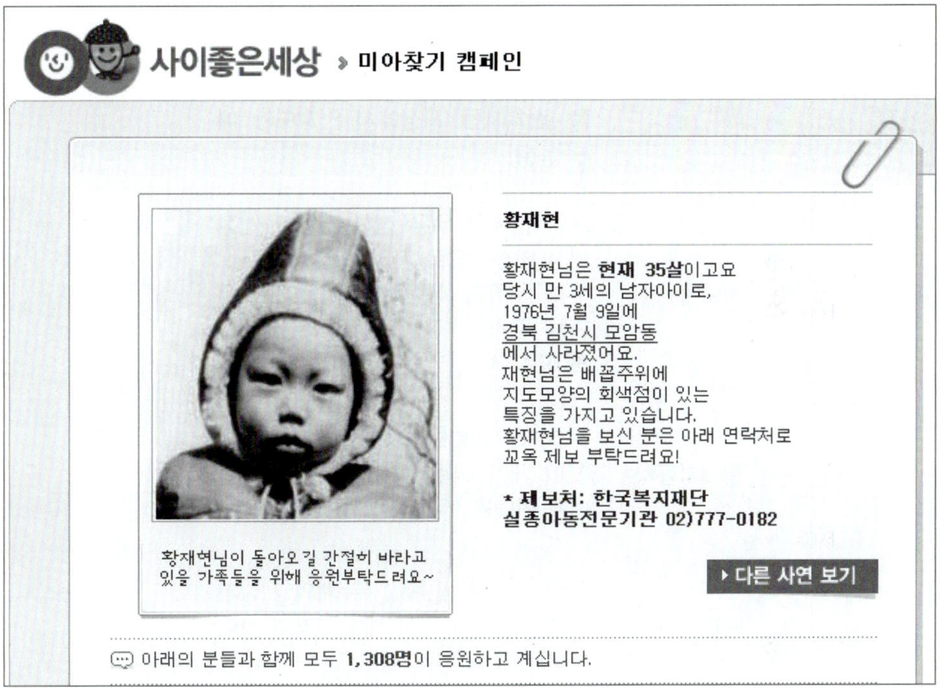

Ⅱ **다음 중 하나의 회사를 골라 그 회사가 사회에 공헌을 할 수 있는 방법을 이야기해 봅시다**

회사	회사 설명	사회 공헌 방식
삼성전자	TV, 냉장고 등의 가전제품과 휴대폰, 컴퓨터 등의 전자제품을 생산하는 대규모 전자회사. 국내외의 가전제품, 전자제품 시장에서 인지도가 매우 높음.	
서울우유	오랜 전통의 우유 생산 업체로 시장에서 안정적으로 자리잡고 있음. 주로 우유를 생산하며 최근에는 유기농 주스, 가정용 스타벅스 커피도 판매함.	
현대자동차	1967년에 설립되어 1976년 독자 모델 '포니' 개발 이후에 국내 자동차 시장에서 판매율 1위를 유지하고 있음.	
KBS	한국의 공영 방송사. 두 개의 지상파 채널, 네 개의 위성 채널, 7개의 라디오 채널을 가지고 있음.	
네이버 (NAVER)	1999년에 시작된 인터넷 포털사이트. 가장 많은 사람들이 검색 엔진으로 사용하고 있음.	
기타 ……………………		

BUSINESS KOREAN

듣기 지문

1과 구직

▶ 듣기 I [CD: 03]

여자	네, 영인 식품입니다.
남자	하노이 지사에서 일할 직원을 뽑는다고 해서 전화 드렸는데요.
여자	네. 말씀하십시오.
남자	제가 베트남어를 조금 하는데 어느 정도 해야 하나요?
여자	기본적인 의사소통이 되어야 합니다.
남자	한국인 직원도 있습니까?
여자	지금은 서울 본사에서 나가신 한국인 직원 한 분 하고 베트남 직원 두 분이 계십니다.
남자	잘 알겠습니다. 감사합니다.

▶ 듣기 II [CD: 04]

여자	이번 한국 방송사 모집광고 봤지?
남자	응. 나도 한번 지원하려고 해. 너도 할 거지?
여자	나도 한번 해 볼까?
남자	준비할 것이 많은데 시간이 좀 있으니까 차근차근 준비해.
여자	지원서는 인터넷에서 내려 받으면 될 거고... 대학교 졸업 증명서하고 성적 증명서도 필요하겠지?
남자	응. 그리고 토익, 토플 같은 영어 시험 성적도 있어야 하고.
여자	준비할 게 정말 많구나.
남자	그리고 무엇보다도 자기소개서를 잘 써야 해.
여자	써 놓은 게 있는데 그걸 내도 될까?
남자	자기 소개서는 아주 중요하니까 신경 좀 써야 할 거야.
여자	그래? 오늘부터 빨리 준비를 시작해야겠네.

2과 자기소개서 [CD: 07]

여자 대한 경제신문사 박영희 기자입니다. 오늘은 광원전자 인사담당 김현수 부장님을 모시고 말씀을 들어보겠습니다. 이렇게 시간을 내 주셔서 감사합니다. 취업을 준비하는 사람들에게 자기소개서는 첫 번째 시험이라고 할 수 있겠습니다. 자기소개서를 어떻게 쓰면 좋은지 한 말씀해 주시기 바랍니다.

남자 제일 중요한 것은 이 사람이 우리 회사에 꼭 필요한 사람이니까, 이 사람을 뽑아야겠다는 인상을 주는 것입니다. 따라서 이력서를 읽는 짧은 시간 안에 좋은 인상을 줄 수 있도록 써야 하지요.

여자 어떻게 쓰면 좋은 인상을 줄 수 있을까요?

남자 지원자 스스로가 인사담당자가 되어서 어떤 사람을 뽑을 것인가를 생각해 보면 자기소개서 쓰기가 쉬워질 겁니다.

여자 자기소개서를 쓸 때 주의해야 할 점들은 무엇입니까?

남자 우선 지루하지 않게 쓰는 것이 중요합니다. 어디서 읽은 듯한 비슷비슷한 표현이나 너무 긴 문장은 좋지 않습니다. 다시 말해서 개성을 보여 줄 수 있는 소개서가 좋다고 할 수 있습니다.

여자 자기소개서 내용 중에서 가장 중요하게 보는 것은 무엇입니까?

남자 역시 경험이나 경력이지요. 회사에서는 지원자가 어떤 경험을 쌓았는지를 중요하게 봅니다. 또한 왜 우리 회사에 지원했는지 성격은 어떤 사람인지도 중요하겠죠.

여자 많은 정보 감사합니다. 부장님의 말씀이 지원자들에게 많은 도움이 될 것 같습니다.

3과 면접 [CD: 10]

여자 요즘 입사시험에서 면접의 중요성이 점점 높아지고 있습니다. 제약 회사에서 인사를 담당하고 계신 김영수 부장님을 모시고 면접에 대해 들어 보겠습니다. 면접을 할 때 어떤 점에 신경 써야 하는지 말씀 좀 해 주시죠.

남자 무엇보다 중요한 것은 자신감입니다. 아무리 실력이 좋아도 자신감이 없으면 좋은 점수를 받기 어렵습니다. 자신감을 가지고 적극적으로 자신의 생각을 말하는 것이 좋습니다.

여자 면접 때는 짧은 시간 안에 대답을 해야 하는데, 자신의 생각을 잘 말하는 게 힘들지 않을까요?

남자 그렇습니다. 질문의 내용과 관계없는 대답을 한다든가 질문을 끝까지 듣지도 않고 대답을 하면 안 되겠지요. 대답을 잘 하는 것도 중요하지만 면접관의 말을 잘 듣는 것도 중요하다고 할 수 있겠지요.

여자 모르는 질문을 받았을 때는 어떻게 하는 것이 좋을까요?

남자 그럴 때는 아는 척을 하거나 거짓말을 하는 것 보다 솔직하게 모르겠다고 하는 것이 좋습니다.

여자 면접을 보는 사람들은 옷차림에도 신경을 쓰게 되는데 면접을 볼 때 옷은 어떻게 입는 게 좋을까요?

남자 면접자들의 패션 감각을 중요하게 생각하는 회사가 아니라면 단정한 정장이 제일 좋을 것 같습니다. 여성의 경우 진한 화장이나 너무 화려한 옷은 좋지 않습니다.

4과 부서와 업무 [CD: 13]

여자 저는 이미연이라고 합니다. 제약회사에서 일하고 있습니다. 병원이나 약국을 방문해서 새로 나온 약을 소개하기도 하고 팔기도 합니다. 요즘은 많은 회사에서 여러 가지 약을 만드니까 약을 팔기가 아주 힘듭니다.

남자 저는 박철수라고 합니다. 전자제품을 만드는 회사에서 일하고 있습니다. 제가 하는 일은 회사 제품을 사람들에게 알리는 일입니다. 신문이나 텔레비전을 통해 우리 회사를 광고하기도 하고 사람들이 우리 회사 제품을 알 수 있도록 여러 가지 일을 합니다.

여자 2 저는 김정현이라고 합니다. 화장품 회사에 다니고 있습니다. 제가 회사에서 하는 일은 사원들을 관리하는 일입니다. 사원들이 월급이나 승진 등에 관해 물어 보고 싶으면 저를 찾습니다.

남자 2 식품회사에 다니고 있는 서영호라고 합니다. 저는 제가 우리 회사에서 제일 중요한 일을 하고 있다고 생각합니다. 회사의 건물이나 차량 그리고 필요한 물품을 관리하고 있습니다.

5과 명함 [CD: 16]

남자 안녕하세요. 이원영입니다. 박 기영 부장님한테서 말씀 많이 들었어요.

여자 안녕하세요. 김수연입니다. 저도 말씀 많이 들었습니다. 이렇게 직접 만나 뵙게 되어서 반갑습니다.

남자 먼저 명함 한 장 받으시지요.

여자 아, 감사합니다. 제 명함도 한 장 드리겠습니다.

남자 회사 이름이 '수' 군요. 좋네요. 외우기도 쉽고.

여자　네, 제 이름 중에서 한 글자를 따서 지었어요. 이 과장님은 무슨 업무를 맡고 계세요?

남자　홍보실에서 근무합니다.

여자　이번에 꽃 장식은 무슨 일로 하게 되는 거지요?

남자　이번에 저희 회사에서 향수 신제품을 내놓았습니다. 다음 달에 외국에서 바이어들이 오는데 아주 중요한 손님들이라서 좋은 인상을 줘야 합니다.

여자　어느 나라 분들입니까?

남자　프랑스 분 두 분인데 모두 여자 분이세요.

여자　알겠습니다. 그럼 여기 카탈로그를 보여 드리면서 설명을 드리겠습니다.

남자　네, 그럼 한 번 볼까요?

6과 회의

▶ 대화 1 [CD: 19]

남자　지난번에 광고 방향을 정했으니까 오늘은 누구를 모델로 쓸지 이야기합시다.

여자　아무래도 건강 음료수니까 건강한 이미지를 가진 남자 모델이 좋다고 봅니다.

남자　그렇겠죠? 남자들을 위한 음료수니까 축구선수 박지환은 어떨까요?

▶ 대화 2 [CD: 20]

남자　이사님들 모두 오셨나요?

여자　김 전무님만 오시면 됩니다.

남자　오늘 모이라고 한 것은 회사 건물을 어디로 옮기면 좋을지 의논하기 위해서입니다. 지금 있는 곳은 공간이 좁고 시내에서 멀어서 불편하다는 의견이 많습니다.

여자　그러니까 문제는 시내 어디로 이전을 해야 하나 하는 것이군요.

▸ 대화 3 [CD: 21]

여자	요즘 인터넷에 소비자 불만이 늘어나고 있습니다.
남자	소비자들의 가장 큰 불만이 무엇입니까?
여자	서비스 센터가 서울에 두 곳밖에 없어서 서비스를 빨리 받을 수 없다는 게 가장 큰 문제입니다.
남자	그럼 오늘 회의에서는 센터를 얼마나 늘려야 하는지 이야기해 봅시다.

7과 프레젠테이션 [CD: 24]

여자	'프레젠테이션 잘 하는 법'이라는 책을 쓰신 박병호 씨를 모시고 말씀을 나누어 보도록 하겠습니다. 먼저 이 책을 쓰게 되신 이유가 궁금한데요.
남자	저는 컨설팅 일을 하면서 많은 회사원들이 프레젠테이션에 대해 어려워하고 있다는 걸 알게 되었습니다. 그분들에게 도움을 주고 싶었지요.
여자	성공적인 프레젠테이션을 하기 위해 자료 준비가 아주 중요하다고 생각하는데 자료는 어떻게 만드는 게 좋을까요?
남자	간단하면서도 분명하게 내용을 전달할 수 있어야 합니다. 그림이나 도표를 사용하는 것도 좋습니다. 그리고 그림이나 도표를 사용할 때는 너무 많은 색을 사용하는 것보다는 몇 가지 색깔로 청중들의 관심을 끄는 것이 좋겠지요.
여자	많은 사람들이 발표할 때 어떻게 말을 해야 할지, 어디를 쳐다봐야 할지 잘 모르겠다는 말을 많이 하는데 도움 말씀 좀 부탁드립니다.
남자	무엇보다 자신감이 중요합니다. 자신감 있는 목소리와 자연스러운 몸짓으로 발표하면 효과적이겠지요. 발표할 때 컴퓨터 화면만 바라보거나 한 곳만을 보면 안 됩니다. 청중들을 골고루 보는 것이 좋습니다. 청중의 주의를 끌기 위해 가끔 재미있는 말을 하거나 몸짓을 크게 하는 것도 좋은 방법이 될 것입니다.

8과 비즈니스 이메일 [CD: 27]

이메일은 제목만 보고도 누구인지 알 수 있도록 하는 것이 중요합니다. 예를 들면 '안녕하세요'라는 제목보다는 '세광전자의 김민수입니다'라는 제목이 훨씬 좋습니다. 그리고 제목을 읽고 내용을 대충 알 수 있는 것이 좋습니다. 제목이 '카탈로그 요청'이라면 쉽게 이메일의 내용을 추측할 수 있을 겁니다.

처음 보내는 이메일이라면 '안녕하십니까?'나 '반갑습니다'와 같이 경어체를 사용하는 것이 좋습니다. 하지만 여러 번 메일을 주고받은 사이라면 '감기는 좀 어떠세요?'와 같은 개인적인 내용을 써서 친밀감을 나타내도 좋습니다.

이메일의 내용은 말하고 싶은 것을 간단하고 정확하게 써야 합니다. 또 상대가 읽기 쉽도록 보기 좋게 쓰는 것이 좋습니다. 내용이 너무 길 때는 파일을 첨부하는 것도 좋은 방법입니다.

온라인 명함을 사용하는 것도 좋습니다. 회사 이름을 먼저 쓰고, 그 아래에 직함과 이름을 쓴 후 회사 전화와 팩스 번호, 그리고 휴대전화 번호를 표기한 온라인 명함을 이메일 끝에 첨부하십시오. 당신을 알리는 데 아주 효과적인 방법이 될 것입니다.

9과 게시물

▶ 대화 1 [CD: 30]

남자　내일이 회의지요?

여자　게시판 못 보셨어요? 연기되었어요. 부장님이 내일 참석 못 하시나 봐요.

남자　그래요? 언제로 연기되었어요?

여자　이번 주 금요일로요.

▸ 대화 2 [CD: 31]

남자	'하누소'가 어디예요?
여자	게시물에 있잖아요. 사거리에서 백화점 쪽으로 가면 있어요.
남자	고깃집인가요?
여자	아마 그럴 거예요. 지나가면서 본 일이 있는데 분위기가 고기 파는 식당 같았어요.
남자	오래간만에 고기 좀 먹겠네요.

▸ 대화 3 [CD: 32]

남자	게시판 보셨어요?
여자	네, 봤어요.
남자	뭐 가지고 오실 것 있어요?
여자	이것저것 꽤 많을 것 같아요. 아이들 어렸을 때 입던 옷이랑 장난감이 많거든요.
남자	저는 이번 기회에 오래된 책들 다 없애려고 해요.

▸ 대화 4 [CD: 33]

남자	이번 회의는 왜 취소되었어요?
여자	공장에서 사고가 생겼나 봐요. 그래서 부장님이 내일 내려가신대요.
남자	무슨 사고지? 큰 사고가 아니었으면 좋겠네요. 그럼 다음 회의는 언제 해요?
여자	아직 결정되지 않았나 봐요.

10과 회식

▸ 대화 1 [CD: 36]

남자 1	신입사원 여러분, 환영합니다. 오늘 첫 회식인데 어떻습니까?
남자 2	사실 사무실에서는 조금 긴장도 됐는데 이렇게 회식 자리에서 선배님들을 뵈니까 아주 편하고 친근감이 느껴집니다.
남자 1	그동안 긴장했어요? 제가 보기에는 아주 잘 적응하고 있다고 생각했는데요.
남자 2	선배님들께서 도와 주신 덕분이지요.
남자 1	여러분들의 젊은 분위기에 맞추려고 생맥주집으로 오니까 저도 젊어진 느낌이에요.
여자	이런 자리를 마련해 주셔서 감사합니다. 앞으로 더 열심히 하겠습니다.

▸ 대화 2 [CD: 37]

남자 1	오늘은 술맛이 아주 좋을 것 같습니다. 프로젝트가 끝나서 모두들 시원하시지요?
남자 2	팀장님, 저는 시원섭섭한데요.
남자 1	그래요? 섭섭해 할 것 없어요. 앞으로 계속 더 많은 프로젝트가 있을 테니까요.
남자 2	아무튼 일이 잘 끝난 것 같아서 기분이 좋습니다.
남자 1	네, 그동안 수고들 많이 했으니 오늘은 기분 좋게 먹고 마십시다.
남자 2	팀장님, 그런데 저희 회식 메뉴 좀 바꾸면 안 될까요? 삼겹살은 너무 많이 먹었습니다.
남자 1	하하, 그랬나요? 그럼 다음 번에는 박 대리가 한 번 정해 보세요.

▸ 대화 3 [CD: 38]

남자 1　와, 부장님. 제가 입사하고 이렇게 좋은 곳에서 회식하기는 처음인 것 같습니다.

남자 2　그동안 열심히 일해서 우리 부서가 최우수 부서로 뽑혔으니까 한 번쯤 이런 고급 한식집에서 회식을 할 만 하지요.

여자　정말이에요. 우리 부서만큼 모두 열심히 하는 부서도 없을 거예요.

남자 2　여러분들이 열심히 일한 덕분에 성과가 아주 좋아서 사장님이 매우 만족해 하셨습니다.

남자 1　게다가 우리 부서는 분위기도 좋지 않습니까?

11과 품질 관리

▸ 듣기 I [CD: 41]

금원텔레콤에서 쎄이폰을 시장에 내놓았습니다. 금원텔레콤에서는 이 인터넷 전화를 값이 싼 전화요금을 원하는 사람, 멀리 떨어져 있는 가족이나 친구와 자주 연락하고 싶은 사람에게 추천하고 있습니다. 많은 사람들은 값이 싼 인터넷 전화를 이용하고 싶어하지만 상대방의 목소리가 잘 들리지 않기 때문에 잘 이용하지 않습니다. 쎄이폰은 이러한 문제를 개선해서 상대의 목소리를 깨끗하게 들을 수 있도록 보완했습니다. 쎄이폰을 사용해 본 소비자들은 높은 만족감을 나타냈습니다.

▸ 듣기 II [CD: 42]

제논사에서는 기존 디지털 카메라의 단점을 보완하여 새로운 모델을 내놓을 계획입니다. 새 모델은 카메라 전용 배터리 외에 어디에서나 쉽게 구할 수 있는 일반 건전지도 사용할 수 있도록 했습니다. 여행 중 카메라 전용 배터리의 전력이 떨어졌을 때 사진을 찍을 수 없어서 당황했던 소비자들은 편의점이나 슈퍼마켓에서 일반 건전지를 구입할 수 있게 되어 편해졌다고 합니다.

▸ 듣기 Ⅲ [CD: 43]

거림 건설의 '까사벨라'는 아파트의 품질을 한층 올려 놓았습니다. 집집마다 김치냉장고를 설치하고 주민들이 이사 온 후에는 1년마다 청소 서비스를 제공하고 있습니다. 청소팀이 직접 집을 방문하여 청소하기 어려운 바깥 유리창을 무료로 청소해 줍니다. 또한 침대나 카페트의 세균과 먼지를 없애고 소독해 주어 깨끗한 환경으로 만들어 줍니다.

12과 불만 제기

▸ 듣기 1 [CD: 46]

5월15일에 주문한 제품을 받았습니다만 문제가 생겼습니다. 우리가 주문한 수량보다 25개가 부족하고 제품의 품질이 불량인 것도 있습니다. 어떻게 이런 문제가 생겼는지 빠른 답변을 부탁드리겠습니다.

▸ 듣기 2 [CD: 47]

휴대폰을 새로 구입했는데 제품에 문제가 있는 것 같습니다. 전화를 하다가 자주 끊기거나 잡음이 많이 들리는데 어떻게 해야 합니까? 혹시 환불이 되는지 알고 싶습니다.

▸ 듣기 3 [CD: 48]

식품부에서 생선을 구입했는데 집에 와서 보니까 냄새가 나서 먹을 수가 없습니다. 제가 이번 주에 계속 바쁜 일이 있어서 반품을 하러 갈 수가 없는데 어떻게 하면 될까요?

13과 고객 서비스 [CD: 51]

우리 회사는 고객을 감동시키는 고객 만족 경영을 위해 노력하고 있습니다. 고객들은 직원의 서비스에 대해 다양한 방법으로 평가를 할 수 있으며 평가 결과는 종합적으로 관리됩니다. 직원 평가표의 직원 이름 옆에 칭찬하는 스티커를 붙일 수도 있고 인터넷 홈페이지에서 좋은 직원으로 추천할 수 있습니다. 우수 직원들은 휴가나 상금 등의 포상을 받고 그 결과는 승진에도 반영됩니다. 그리고 서비스가 부족한 직원에 대해서는 특별 친절 교육을 실시해서 서비스의 질을 높이고 있습니다.

또한 고객이 영업점의 서비스 수준을 평가하는 '고객의 소리함' 제도를 실시해 고객의 의견을 듣고 곧 바로 해결하고자 노력하고 있습니다. 불편사항이나 불만이 있으신 고객들은 '고객의 소리함' 상자에 불만스러웠던 이유를 적어서 넣어 주시면 됩니다. 본사에서는 각 영업점을 방문해 서비스 교육을 실시하여 고객의 만족도를 높이도록 노력하고 있습니다.

모든 지점에서는 매일 근무를 시작하기 전 직원들에게 친절 교육을 실시하여 고객들에게 보다 나은 서비스를 제공할 수 있도록 노력하고 있습니다. 또한 '친절 서비스 매뉴얼'을 준비해 두어 모든 직원들이 상황에 따라 고객이 원하는 바를 만족시킬 수 있도록 하고 있습니다.

14과 제품 설명하기

▶ 듣기 1 [CD: 54]

앉아서 오래 일해도 피로감이 느껴지지 않는 사무용 의자가 새로 나왔습니다. 소재는 천연가죽으로 되어 있어 부드럽고, 앉았을 때 허리부분을 편안하게 받쳐주어 오래 사용해도 피곤하지 않습니다. 기존의 사무용 의자와 달리 세련된 디자인으로 만들어졌습니다. 가격대는 30만원에서 60만원 대로 다양합니다. 튼튼하게 만들어져 고장이 없으므로 실용적으로 사용하실 수 있습니다.

▸ 듣기 2 [CD: 55]

저희 회사에서 몸무게에 따라 운동 효과가 달라지는 다이어트용 신발을 새로 만들었습니다. 가볍고 탄력 있는 밑창을 사용해서 몸무게가 무거운 사람도 편하게 신을 수 있습니다. 바람이 잘 통하는 소재로 만들었기 때문에 발 건강에도 좋습니다. 이 신발을 신으면 다이어트에 좋을 뿐만 아니라 디스크나 근육통 예방에도 효과가 있습니다.

▸ 듣기 3 [CD: 56]

독신자나 핵가족을 위한 세탁기가 나왔습니다. 이 제품은 혼자 사는 사람들이나, 자취생들, 신혼부부를 중심으로 인기를 얻고 있습니다. 이 세탁기의 특징은 소음이 적고 전력 소모가 적다는 것입니다. 냉수, 40도, 60도, 95도 등 4단계로 온도를 선택할 수 있고 탈수도 4단계로 선택할 수 있습니다. 색상과 디자인이 세련되고 가격대도 40만원 대로 비교적 저렴한 편입니다.

15과 업무 전화

▸ 듣기 I

[대화 1] [CD: 59]

여자 네, 경진 유리입니다.
남자 여기 연희 건설인데요. 박철수 과장님 계십니까?
여자 지금 회의중이라서 자리에 안 계십니다.

[대화 2] [CD: 60]

남자 네, 민화 은행입니다.
여자 김병문 대리 계십니까?
남자 외근 나가셔서 오후에 돌아오십니다. 실례지만 어디십니까?
여자 고려 전자의 배연미입니다.

▶ 듣기 Ⅱ [CD: 61]

여자	네, 새로나 건축입니다.
남자 1	여기 진원 어패럴인데 허민수 실장님 계십니까?
여자	잠시만 기다리세요.
남자 2	전화 바꿨습니다.
남자 1	허 실장님이십니까? 박영만입니다.
남자 2	아, 안녕하십니까. 박 과장님.
남자 1	안녕하세요. 이번에 저희 회사가 사무실 확장을 하면서 위층도 쓰게 됐는데요.
남자 2	그럼 3층과 4층을 쓰시게 되는 거군요.
남자 1	네, 그래서 이번에도 인테리어 공사를 좀 맡아 주셨으면 해서 전화 드렸습니다.
남자 2	그러십니까? 4층 넓이와 구조는 지금 쓰고 계신 사무실하고 같은가요?
남자 1	네. 똑같습니다. 복도가 있고 양 옆으로 방들이 있습니다. 참, 그리고 4층 한쪽 방 두 개를 하나로 만들어서 세미나실로 쓸 계획입니다. 한번 직접 와서 보셔야 할 것 같습니다.
남자 2	그럼 지난 번 작업했던 자료들을 가지고 찾아뵙겠습니다. 언제가 좋으신가요?
남자 1	내일 오전 중에 오실 수 있습니까?
남자 2	네, 가능합니다.
남자 1	그럼 내일 아침 10시쯤 저희 회의실에서 뵙기로 하지요.
남자 2	네, 그럼 내일 찾아뵙도록 하겠습니다.

16과 계약

▶ 듣기 I [CD: 64]

남자 내일 전세 계약서 작성하는 날인 거 아시죠? 아침 10시까지 부동산 중개소 사무실로 와 주시기 바랍니다.

여자 네. 계약금을 준비해 가지고 늦지 않도록 가겠습니다.

남자 이사 들어오시기 전에 집주인이 도배를 해 주신다고 했어요.

여자 그것 참 잘 됐군요. 그럼 내일 뵙겠습니다.

▶ 듣기 II [CD: 65]

남자 며칠 전에 에어컨을 구매하려고 계약금을 냈는데 혹시 취소가 가능한가요?

여자 어떻게 하지요? 오늘 아침에 벌써 배송시켰는데요.

남자 배송 받은 후에는 취소가 안 되나요?

여자 설치하거나 사용하셨으면 취소할 수 없지만 그렇지 않으면 가능합니다. 하지만 왕복 배송비를 부담하셔야 합니다.

남자 그렇게 하지요. 그럼 계약을 취소해 주세요.

▶ 듣기 III [CD: 66]

여자 정수기 빌리는 데 한 달에 얼마예요?

남자 정수기 모델에 따라 가격이 조금씩 다른데 한 달에 3만 원에서 5만 원 정도 합니다.

여자 정수기 설치비용은 안 드나요?

남자 설치비는 안 드는데 보증금으로 10만 원을 내셔야 합니다.

여자 좀 더 싸게 빌리는 방법은 없나요?

남자 1년 사용료를 미리 내시면 6% 할인해 드립니다

17과 신제품 개발 [CD: 69]

신제품 개발에 있어서 중요한 것은 아이디어라고 할 수 있습니다. 수많은 아이디어 중에서 실제 제품으로 만들어질 수 있는 아이디어를 찾는 것은 아주 어렵습니다. 아이디어가 아무리 좋아도 기술적으로 만들기 어렵거나, 비용이 너무 많이 들면 상품화하기 어렵습니다.

일단 아이디어가 채택되면 그 제품을 사용하게 될 소비자를 결정하고 제품의 성격을 정해야 합니다. 예를 들어 건강음료수를 개발한다면 이 제품을 어린이, 10대, 성인, 노인들 중 어느 세대를 위한 제품으로 할지, 맛, 영양, 칼로리 중에서 어떤 것에 중점을 둘 것인지를 결정해야 합니다.

다음 단계에서는 그 제품에 대한 소비자의 요구가 있는지, 적절한 가격은 어느 정도인지, 그 제품을 어느 정도 팔 수 있을지를 조사해야 합니다. 조사 결과, 시장성이 있다고 판단되면 그 제품을 만드는 데에 필요한 비용을 따져 가격을 결정하게 됩니다.

제품을 판매하기 전에 시제품을 만들어 실험해 보는 것도 필요합니다. 실패할 가능성을 줄일 수 있기 때문입니다. 시제품이 성공적이라고 판단되면 일정 기간 동안 시험 마케팅을 하여 소비자들의 반응을 조사하고 결과에 따라 제품을 만든 후 판매를 하는 것이 좋습니다.

18과 광고

▶ 광고 I [CD: 72]

여자 내레이터	드림타워는 꿈이 시작되는 곳, 꿈을 키워 주는 곳, 꿈이 이루어지는 곳 고층에서 바라보는 멋진 야경. 넓은 정원과 산책로. 당신이 집에 대해 원하는 것, 당신이 집에 대해 그리는 것 모두가 담겨 있습니다.
남자 내레이터	드림타워 대영건설.

▸ 광고 Ⅱ [CD: 73]

남자 아이	와 내 방만큼 커요.
엄마	실내가 정말 아늑하네요.
여자 아이	아빠만큼 믿음직해 보여요.
아빠	자 출발합니다. 안전벨트 단단히들 매세요.
여자 내레이터	가족 나들이를 위한 당신의 선택. 7인승 승합차, 뱅가드. 당신이 원하는 어느 곳으로든 떠나십시오.

▸ 광고 Ⅲ [CD: 74]

엄마	수능을 앞 둔 우리 아들 전복죽 먹고 힘내자.
딸	야근에 지친 우리 아빠 닭죽 먹고 힘내세요.
아빠	다이어트 하는 우리 예쁜 딸 야채죽 먹고 건강 챙겨요.
여자 내레이터	사랑하는 가족을 위한 건강식. 봉죽. 맛도 좋고 건강에도 좋아요.

19과 홈쇼핑 [CD: 77]

남자 다음은 홈쇼핑 여성의류 판매에서 1위를 한 레이디스 클럽의 공은주 사장님을 모시고 말씀을 나누어 보도록 하겠습니다. 판매 1위를 하게 된 이유는 무엇이라고 생각하십니까?

여자 저희 제품을 이용하시는 3, 40대 여성분들은 구매력이 높기도 하지만 제품을 구입할 때 아주 까다롭습니다. 꼼꼼하게 여러 가지 생각하고 구매하는 여성분들이 만족하는 제품을 만든 게 비결이라고 할 수 있습니다.

남자 짧은 기간 동안 높은 매출을 올릴 수 있었던 이유는 홈쇼핑을 통해 판매했기 때문이라고 보는데 어떻습니까?

여자 전국의 텔레비전으로 방영되는 홈쇼핑은 대량판매가 가능하다는 게 큰 장점이죠. 저희 제품이 주부들의 홈쇼핑 황금시간대인 오전 11시에 편성

돼다는 것도 판매에 많은 도움이 됐습니다.

남자 홈쇼핑 판매에서 제일 어려운 점은 무엇입니까?

여자 눈으로 직접 물건을 보지 않고 TV 화면만 보고 구입하는 소비자는 제품을 받아보고 크게 만족하지 않을 수도 있습니다. 당연히 반품이나 환불 같은 요구가 많을 수밖에 없지요.

남자 레이디스 클럽은 반품이나 환불, 애프터서비스를 잘 해주기로 유명한데 그것이 판매율을 높이는데 도움이 되었다고 볼 수 있겠군요.

여자 맞습니다. 고객이 만족하는 최고 품질의 옷을 만드는 것도 중요하지만 우리 제품에 부정적인 생각을 가진 고객까지도 우리 편으로 만드는 게 더 중요하다고 할 수 있지요. 그게 바로 입소문으로 이어지니까요.

남자 오늘 인터뷰에 응해 주셔서 감사드립니다. 공은주 사장님의 말씀이 홈쇼핑 사업을 꿈꾸는 많은 분들께 도움이 되기를 바랍니다.

20과 시장조사

▶ 듣기 I [CD: 80]

맛나밥은 밥을 상품화해서 포장밥이라는 새로운 시장을 만든 제품입니다. 밥은 집에서 해 먹는 것이지 돈을 주고 사 먹는 것이 아니라는 고정 관념을 깨고 새로운 식생활 문화를 만들어, 매년 50% 이상 성장하고 있습니다. 맛나밥이 성공한 이유는 소비자의 변화된 생활 패턴과 새로운 요구를 정확히 알고 이에 맞는 제품을 개발했기 때문입니다. 최근에는 맞벌이 부부나 혼자 사는 독신, 미혼인구가 늘어나 상차림이 간단해졌습니다. 여러 명이 같이 사는 가족이라도 서로 만나기가 어려워 혼자 밥을 먹는 경우가 많아졌습니다. 또한 여가 활동 시간이 늘어나서 집을 떠나 야외나 여행지에서 밥을 먹는 경우가 많아졌습니다. 소비자의 생활패턴이 이렇게 변화하면서 편리하게 먹는 포장밥이 필요하게 된 것입니다. 맛나밥은 이러한 소비자들의 요구를 제대로 파악하여 성공한 제품입니다.

▶ 듣기 Ⅱ [CD: 81]

한국의 출산율은 2005년 1.08명까지 떨어져 홍콩 등 도시국가를 제외하고는 세계 최저 수준입니다. 그러나 이렇게 낮은 출산율이 오히려 어린이 관련 사업을 성장시키고 있습니다. 자녀를 위해 돈을 아끼지 않는 맞벌이 부부들이 경쟁적으로 한 명의 자녀에게 많은 돈을 투자하고 있기 때문에 어린이의 수는 줄어들고 있지만 어린이 관련 사업은 오히려 성장하고 있는 것입니다. 또한 소비자들이 점점 질이 좋은 상품을 원하고 있기 때문에 어린이 관련 사업은 규모를 늘리기보다는 질을 높이려고 노력하고 있습니다. 특히 전통적인 어린이 관련 사업이었던 교육, 장난감, 아동 의류 등은 기존 제품을 고급화하고 있고 새로운 형태의 사업이 인기를 얻고 있습니다.

21과 창업 [CD: 84]

오늘 이 자리에서 창업을 꿈꾸는 여러분께 한 말씀드리게 되어 영광으로 생각합니다. 오늘 제 말씀이 여러분께 조금이나마 도움이 되길 바랍니다. 사실 직장생활을 하는 사람이라면 누구나 창업을 꿈꿀 것입니다. 저도 몇 년 전에는 평범한 직장생활을 하고 있었지만 창업을 하고 나서 제 인생이 바뀌었습니다.

보통 창업을 하려고 할 때 사람들은 관심이 있거나 잘 알고 있는 업종을 선택하려고 합니다. 물론 그 분야의 경험이 있다는 것은 중요합니다. 하지만 요리를 잘 한다고 해서 모두 음식점 창업에 성공하는 것은 아닙니다. 음식점을 한다고 해도 어떤 종류의 음식점을 열어야 성공 가능성이 높은지 찾아내야 합니다. 창업의 성공은 신중한 업종 선택에 달려 있다고 해도 과언이 아닙니다.

창업에 성공하기 위해서는 전문가나 다른 사람의 창업 경험을 듣는 것이 중요합니다. 가능한 한 많은 정보를 얻어야 합니다. 성공가능성이 높은 프랜차이즈사업을 알아보고 체인점을 연다면 새로운 사업을 시작하는 것보다 안정적일 수도 있습니다.

창업을 할 때 제일 어려운 것 중의 하나는 자금 문제일 것입니다. 자기 자본이 없이 다른 사람의 자본만으로 창업하는 것은 위험합니다. 아무리 사업이 잘 된다고 하더라도 항상 실패 가능성이 있기 때문입니다. 적은 자금이라도 자신의 여유 자금으로 창업을 하는 것이 좋습니다.

실제로 창업을 하고 나서도 5년 이내에 포기하는 경우가 많습니다. 저도 성공하기까지 몇 번의 어려움을 겪었습니다. 사업을 하면서 힘들고 어려운 일이 생길 때 어떻게 이겨나갈지 생각해 두어야 합니다. 그렇지 않으면 쉽게 포기하게 되는 경우가 많습니다. 창업 성공의 특별한 비결은 노력에 있습니다. 끊임없이 노력하는 자만이 성공할 수 있습니다.

22과 설문조사

▶ 듣기 I [CD: 87]

남자 안녕하십니까? 바쁘신 중에 죄송합니다. 저희 회사에서 이번에 새로운 상품 개발을 위해 소비자의 요구를 알아보고자 설문조사중입니다. 잠시 시간 좀 내 주실 수 있으십니까?

여자 네, 괜찮아요.

남자 몇 가지만 여쭤 보겠습니다. 직장인이십니까?

여자 네.

남자 술을 드십니까?

여자 마시기는 마시지만 많이는 안 마십니다.

남자 평소에 맥주를 즐기세요? 소주를 즐기세요?

여자 맥주를 마시면 너무 배가 불러서 소주를 즐기는 편입니다.

남자 여성들에게 소주는 너무 맛이 강하지 않습니까?

여자 그래서 저는 오이소주나 레몬소주를 즐겨 마십니다.

남자 저희 회사에서 2, 30대 여성들이 혼자서도 마실 수 있는 200ml 정도의 과일주를 개발하려고 하는데 사서 드실 생각이 있으십니까?

여자 가격이 부담 없고 맛도 좋다면야 사서 먹지요.

▶ 듣기 Ⅱ [CD: 88]

여자 기존 전자사전에서 불편하게 느끼셨던 점들을 개선해서 더 좋은 전자사전을 만들기 위해 몇 가지만 여쭙겠습니다. 혹시 전자사전을 사용하십니까?

남자 네, 사용합니다.

여자 어디 회사 제품을 쓰십니까?

남자 '푸른 전자' 것을 쓰고 있는데요.

여자 가장 불편한 점이 무엇입니까?

남자 자판이 너무 작아서 손으로 찍기는 좀 불편하고 연필 같은 도구가 있었으면 합니다.

여자 그 외에 어떤 점이 개선되었으면 하십니까?

남자 가끔 사전에 없는 단어들이 있는데 컴퓨터와 연결되어서 단어가 꾸준히 업데이트되는 기능이 있었으면 합니다.

▶ 듣기 Ⅲ [CD: 89]

남자 금성 구두입니다. 저희가 이번에 정장에도 어울리는 직장 여성을 위한 기능성 구두를 개발하려고 하는데 설문에 잠깐 협조해 주실 수 있습니까?

여자 아, 평소에 그런 구두가 있었으면 생각했는데 잘됐네요.

남자 감사합니다. 그럼 정장에 신을 수 있는 기능성 구두를 구매하실 의향이 있으신 거군요.

여자 물론이죠. 현재 나와 있는 기능성 구두는 보통 굽이 낮기 때문에 정장과 어울리지 않아서 잘 안 신게 되더라고요.

남자 굽 높이는 어느 정도가 적당하다고 보십니까?

여자 저는 평소에 6cm 정도 신지만 기능성 구두는 4cm 정도면 적당할 것 같습니다.

23과 신용카드 [CD: 92]

요즘 물건을 사거나 식당에서 음식을 먹고 현금을 내는 사람들은 별로 없을 것입니다. 그만큼 신용카드를 사용하는 것이 생활화되었습니다. 카드를 사용하는 이유는 무엇일까요? 그것은 두 말 할 것 없이 편리하기 때문입니다. 카드가 있으면 현금을 많이 가지고 다닐 필요도 없고 갑자기 돈을 쓸 일이 생겨도 당황스럽지 않습니다.

요즘 대부분의 소비자는 한 장 이상의 카드를 가지고 있습니다. 하지만 카드를 경제적으로 사용하기 위해서는 자신의 소비 형태에 맞는 카드를 두 장만 가지고 있는 것이 좋습니다. 한 장의 카드를 주로 사용하고 나머지 한 장은 문제가 생겼을 때 사용하면 좋겠습니다.

주위를 둘러 보면 필요 이상으로 신용카드를 많이 소유하고 있는 사람이 많습니다. 하지만 카드가 너무 많으면 쓸데없이 돈을 쓰게 됩니다. 요즘 카드 이용 금액을 갚지 못해 신용불량자가 되는 사람들도 많아지고 있습니다.

최근에는 카드회사에서 여러 가지 다양한 카드를 내 놓고 있습니다. 따라서 카드를 선택할 때 서비스 내용을 살펴보는 것이 중요합니다. 카드의 종류에 따라 할인혜택과 무료 이용 서비스가 다르기 때문입니다. 영화관 이용이나 뮤지컬 공연 등 문화생활에 다양한 할인혜택이 있는 카드도 있고 주유나 여행 그리고 취미활동 등의 분야에 혜택이 있는 카드도 있습니다. 어떤 카드를 선택해서 사용하는 것이 현명한 소비가 될지 잘 생각해야 할 것입니다.

24과 보험

▶ 대화 1 [CD:95]

남자 국내 여행을 하는 사람도 여행자 보험을 듭니까?

여자 물론입니다. 보통 해외여행을 할 때만 가입하는 것으로 알고 계시는 분이 많은데 그렇지 않습니다. 추석이나 설날 같은 연휴기간에 교통사고가 얼마나 많이 일어납니까?

남자 보험료는 어느 정도예요?

여자 국내 여행보험의 경우 보상한도 1억 원을 기준으로 했을 때 3~4인 가족이라면 만 원 정도로 여행보험에 가입할 수 있습니다.

남자 보장내용은 교통사고 말고 다른 것도 있나요?

여자 교통사고뿐만 아니라 다른 사고로 사망하거나 다치는 경우 보장이 되고요. 물건을 잃어버린 경우에도 보상 받으실 수 있습니다.

▶ 대화 2 [CD: 96]

남자 저희 푸른생명에서 '사과나무 교육보험'을 내년부터 판매하는데요. 잠깐 소개 드려도 될까요?

여자 안 그래도 아이들을 위해 교육보험 하나 들려고 생각하고 있었어요.

남자 정말 잘 됐네요. 이 상품은 자녀가 학교에 들어갈 때 교육비를 지원해 주고 부모가 돌아가시면 자녀들에게 생활비를 지원해 줍니다.

여자 교육비는 얼마까지 지원돼요?

남자 최고 1,000만 원까지 지급되고요. 학자금은 10세부터 16세까지 3년마다 100만 원씩 지원되며 19세 때는 대학입학금 500만 원을 지급합니다.

여자 부모가 죽은 후 아이들에게 생활비를 주신다고 했지요? 어느 정도 지급돼요?

남자 부모가 사망할 경우 유가족으로 남은 자녀들에게 최고 3억 원까지 지급이 됩니다.

▸ 대화 3 [CD: 97]

남자 부모님을 위해서 가입한 보험 상품이 있으세요?

여자 아니요. 저희가 여유가 없어서요.

남자 잘 생각하셔야 됩니다. 요즘 사람들의 수명이 늘어나면서 보험회사들이 다양한 효도 보험 상품을 개발하고 있거든요.

여자 이 회사에 좋은 상품이 있나요?

남자 네, 저희 보험사의 '부모사랑보험'이 큰 인기를 끌고 있습니다. 이 보험 상품은 다른 건강보험 상품과 마찬가지로 나이가 많은 부모의 상해나 질병에 대한 위험을 보장하는 것은 물론이고 노인들이 활동하기가 어려운 병에 걸렸을 때 간병비용으로 3,000만 원에서 5,000만 원까지 지급해 줍니다.

25과 미래 직업 [CD: 100]

최근 음악치료사가 유망한 직업으로 떠오르고 있습니다. 음악은 사람의 감정을 안정시키기도 하고 흥분시키기도 합니다. 이런 음악의 효과를 질병 치료에 이용하는 것이 음악 치료입니다. 음악 치료의 대상이 되는 사람들은 정신 장애나 알츠하이머 환자, 오랜 병으로 고통을 받는 사람들입니다. 마음의 상처가 있는 사람도 음악 치료를 받고 삶의 질을 높일 수 있습니다

건강관리사도 유망한 직업 중의 하나입니다. 건강관리사는 고객의 건강을 관리해 주는 새로운 직업입니다. 고객의 건강상태에 따라 음식을 어떻게 먹는 것이, 어떤 운동을 하는 것이 좋은지 알려줍니다. 또한 스트레스 해결 방법도 찾아 줍니다.

노인 인구가 늘어남에 따라 실버산업도 점차 활발해지고 있습니다. 실버산업과 관련된 노인 심리치료사도 유망 직업이 되고 있습니다. 노인심리치료사는 노인들의 여러 가지 문제를 해결하고 대화를 통해 소외감과 외로움을 감소시켜 주는 직업입니다. 또한 노인전용주택이나 노인병원 등의 사업도 수요가 늘고 있으므로 전망이 좋은 편입니다.

26과 자료 분석

▸ 듣기 I [CD: 103]

한국 사람들이 가장 좋아하는 캐주얼 의류 스타일은 유행에 영향을 받지 않는 기본형인 것으로 나타났습니다. 2,547명을 대상으로 한 설문 조사에서 최신 유행 스타일을 좋아하는 비율은 2.4%에 불과했습니다. 디자인, 브랜드, 소재, 가격, 품질, 할인, 광고 이미지 등의 여러 요인 중에서 옷을 고를 때 가장 중요하게 여기는 것으로는 52.4%의 응답자가 디자인을 꼽았습니다. 브랜드가 15.7%로 뒤를 이었고, 가격을 중시한다는 의견은 9.1%였습니다. 고급 캐주얼 의류를 구입하는 장소로는 백화점 정상 매장이 44%로 1위였고, 독립 매장이 17.2%, 상설 할인점은 14.5%, 백화점 할인 매대가 14.1%이고 5.9%는 인터넷 쇼핑몰을 이용하는 것으로 나타났습니다.

▸ 듣기 II [CD: 104]

노트북 컴퓨터를 살 때 정보 처리속도를 가장 중요하게 생각하는 소비자가 32.8%로 가장 높게 나타났습니다. 노트북 컴퓨터를 가지고 있는 351명을 대상으로 한 설문조사에서 '브랜드 신뢰도 또는 브랜드 이미지'라는 응답도 30.5%로 많았습니다. '가격'은 8.6%, '제품 내구성'은 7.6%, 'AS 및 고객 지원'이 6.5%로 그 뒤를 이었습니다. 노트북 컴퓨터를 구입한 장소로는 '용산전자상가나 테크노마트 같은 전자 전문 상가'라는 응답이 28.8%로 가장 높았습니다. '직영 대리점 · 독립매장'은 19.5%, '인터넷 쇼핑몰' 13.8%, '대형 마트의 전자제품 매장' 8.9% 순이었습니다.

유행과 트렌드 [CD: 107]

여자 오늘은 패션 전문가를 모시고 셔츠와 넥타이의 유행에 대해 알아보겠습니다. 한국 남성들은 대체로 보수적인 옷차림을 하는 편이었는데 요즘에 와서 아주 대담해지고 있어요.

남자 셔츠업계에서 다양한 디자인과 색상을 선보이기 시작한 것은 한일 월드컵 이후부터입니다. 월드컵을 계기로 남성들이 자기를 표현하려고 하는 욕구가 강해졌다고 볼 수 있겠죠.

여자 한 때 김대중 대통령이 즐겨 입던 파란색 셔츠가 'DJ블루'라는 별명을 얻을 정도로 인기를 끌었는데요. 셔츠의 색상도 유행을 타는 것 같습니다.

남자 아무래도 셔츠는 디자인이 단순하다 보니 색상으로 개성을 표현하고자 하는 경향이 있다고 볼 수 있죠. 한때 스트라이프 무늬나 분홍색 등 화려한 색의 셔츠가 유행했지만 최근에는 그동안 화려한 색깔을 입던 남성들이 다시 깔끔한 검정색 셔츠를 많이 찾고 있습니다. 가격대도 중저가 셔츠가 제일 잘 팔리고 있는데 합리적인 선택을 하는 소비자가 늘고 있다고 볼 수 있겠죠.

여자 남성패션에서 넥타이 역시 빼놓을 수 없는 품목인데요. 요즘에는 어떤 색상이 인기를 끌고 있습니까?

남자 과거에는 비교적 점잖은 색상이 인기를 끌었으나 최근에는 분홍색 등 화려한 색깔로 바뀌었고 올해는 보라색 계열이 유행을 타고 있습니다.

여자 요즘에는 여성의 블라우스처럼 레이스가 달린 아주 파격적인 디자인의 셔츠도 나오고 있는데 어떻게 보십니까?

남자 너무 튀는 디자인은 비즈니스 석상에서 오히려 실례가 될 수 있으니만큼 자신의 스타일을 유지하면서 유행은 적당히 받아들이는 것이 좋다고 생각합니다.

28과 마케팅 전략

▶ 듣기 1 [CD: 110]

자일리톨 껌은 지난 97년에 나왔었지만 큰 호응을 얻지 못했습니다. 300원짜리 껌이 대부분이던 껌 시장에 500원짜리 제품은 매우 비싼 제품으로 인식되었습니다. 품질에는 자신이 있었지만 소비자들의 이러한 인식이 문제였습니다. 그러나 해결방법은 의외로 간단했습니다. 고정관념을 뒤집는 광고마케팅 전략입니다. 대부분의 사람들은 단 음식은 충치의 원인이 된다고 생각하지만 자일리톨 껌은 충치를 예방하는 껌으로 알려지기 시작했습니다. 잠들기 전에 씹는다는 광고 컨셉트가 성공한 것입니다.

▶ 듣기 2 [CD: 111]

스포츠 의류 '캥거루'는 2002년 주 고객을 남성에서 여성으로 바꾼 이후 매출이 3배나 늘어났습니다. 캥거루는 그동안 남성들의 스포츠인 축구 유니폼으로 많이 알려져 있어서, 20대 후반 이상의 남성들이 즐겨 찾았습니다. 그러나 스포츠 의류를 입는 사람들의 나이가 10대로 낮아지면서 매출이 줄기 시작했습니다. 문제 해결을 위해 노력하던 캥거루는 스포츠를 즐기는 여성들이 점점 많아지고 있고 스포츠 의류도 패션이 되어가는 사실에 주목했습니다. 그리하여 대상고객을 남성에서 여성으로 옮겼으며 그 이후 매출이 대폭 증가하게 되었습니다.

▶ 듣기 3 [CD: 112]

펀 마케팅이 유행입니다. 삼정건설은 건설기술이 뛰어나지만 큰 건설 회사들에 밀려서 어려움을 겪는 중소 건설 회사였습니다. 그러나 2003년 색다른 광고를 선보인 후로 매출이 계속 증가하고 있습니다. 광고에 사람 대신 개미가 등장한 것입니다. 열심히 일하는 개미의 이미지를 살려 코믹하고 귀여운 개미들이 열심히 집을 짓는 모습을 광고에 담은 후 삼정건설에서 지은 아파트는 특히 주부들과 젊은 소비자층에서 인기가 높아졌습니다. 이와 함께 2003년 이후 매출은 꾸준히 증가하고 있습니다.

29과 대인 관계 [CD: 115]

얼굴 표정이나 목소리는 그 사람의 인상을 좌우합니다. 직장생활에서 다른 사람들에게 좋은 인상을 주는 것은 아주 중요하다고 할 수 있습니다. 좋은 인상을 주지 못한 직장인은 대인관계에 어려움을 겪을 수도 있습니다. 그렇다면 좋은 인상은 어떻게 해서 만들어질까요? 활기차고 신나는 직장을 위해 '나만의 좋은 인상 만들기' 방법을 알아봅시다.

좋은 표정을 만들기 위해서 가장 중요한 건 미소를 생활화하는 것입니다. 항상 상대방을 진심으로 좋아하려는 노력을 해야 자연스럽게 웃을 수 있습니다. 적극적이고 긍정적인 태도를 갖는다면 자연스러운 미소를 지을 수 있겠지요.

활기찬 표정을 위해 얼굴 근육을 올려주는 것도 인상을 좋게 합니다. 얼굴 근육은 나이가 들수록 탄력을 잃고 아래로 처지기 쉽습니다. 늘 웃으면 얼굴 근육도 자연스럽게 올라갑니다. 턱과 양 귓가 사이에 양손을 받치고 양 눈썹 위쪽으로 얼굴을 밀어 올려주면 인상을 좋게 만들 수 있습니다,

잠을 자기 전 하루를 돌아보는 시간을 갖는 것도 좋은 표정을 만드는데 도움이 됩니다. 나와 다른 사람에게 얼마나 성의를 다했는가를 반성하고 내일을 계획하며 편한 표정으로 잠이 들면 누구나 다음 날 아침 웃는 얼굴로 일어날 수 있습니다.

30과 존경받는 기업

▶ 듣기 Ⅰ [CD: 118]

가전제품은 쓸 때는 편리하지만 버릴 때는 문제가 됩니다. 환경에 해가 될 수 있기 때문입니다. 미국의 가전제품 회사인 자이온은 미국 내에서 버려지는 자사 제품을 돈을 받지 않고 처리하겠다고 발표했습니다. 이로써 자이온은 사회로부터 존경받는 기업이 되었습니다.

이제 기업은 생산과 판매에만 신경 쓸 것이 아니라 환경보호에도 신경을 써야 하는 시대가 되었습니다. 실제로 버려지는 가전제품 중 일부부품은 재활용할 수 있습니다. 하지만 재활용 제품을 만들려면 비용이 많이 들기 때문에 대부분의 가전제품 회사들은 적극적으로 재활용을 하지 못하는 상태입니다. 그러나 세계적 명성을 갖춘 자이온은 환경까지 생각하는 기업으로 다시 태어나게 된 것입니다.

▶ 듣기 Ⅱ [CD: 119]

유한양행은 '기업은 이익을 남겨야 하고 남은 이익은 사회에 환원한다'는 창업자 고(故) 유일한 박사의 믿음으로 1926년 설립되었습니다. 이후에 유한양행은 '존경받는 기업은 이익을 남긴다'는 사실을 꾸준히 보여주고 있습니다. 유한양행의 주주 중 30%는 사회의 이익을 위해 만들어진 기관들이기 때문에 유한양행의 수익 중 30%는 곧 사회 환원이 됩니다.

창업자가 돌아가신 후에도 사회 환원은 계속되고 있습니다. 1970년 창업자가 만든 유한재단은 지금까지 1,800여명의 학생들에게 36억 원의 장학금을 전달했습니다. 또 기술문화연구, 장애인 지원 사업 등 다양한 사회공익사업을 전개하고 있습니다.

BUSINESS KOREAN

모범 답안
어휘 색인

1과 구직

• **본문 어휘**

1) 지원 2) 모집 3) 접수 4) 연봉 5) 해외 영업
6) 장래성

• **관련 어휘**

1. 경력, 학력, 전형방법, 면접
2. 1) 계산서 2) 신청서 3) 증명서, 증명서 4) 계약서

• **듣기**

Ⅰ 1. ❷ 2. 1) O 2) O 3) X
Ⅱ 지원서, 대학교 성적 증명서, 영어 시험 성적, 자기소개서

• **읽기**

Ⅰ 1. ❹ 2. 1) X 2) X 3) O

2과 자기소개서

• **본문 어휘**

1) 대체로 – 전체적으로 보아서
2) 인사 담당자 – 사람을 뽑고 평가하는 일을 하는 사람
3) 평범하다 – 뛰어나지도 않고 모자라지도 않다
4) 신경 쓰다 – 세심하게 주의를 기울이다
5) 손을 보다 – 모자라는 점이 없도록 고치거나 살피다

• **관련 어휘**

1. 1) 취미 및 특기 사항 2) 지원 동기 및 포부
3) 성장 환경 4) 성격의 장단점
2. 1) 상품성 2) 가능성 3) 활동성 4) 전문성

• **듣기**

Ⅰ 1. 광원전자 인사담당 김현수 부장님
2. 경험이나 경력, 지원동기, 성격
3. 1) X 2) O 3) X

• **읽기**

Ⅰ 1. ㄱ) 성장 환경 ㄴ) 성격의 장단점 ㄷ) 특기 및 경력 ㄹ) 지원 동기 및 포부
2. 1) O 2) O 3) X

3과 면접

• **본문 어휘**

1) 학과 2) 장애인 3) 업무 4) 봉사활동 5) 영업부

• **관련 어휘**

1. 어학연수, 인턴십, 동아리 활동
2. 인사부 – 직원들을 뽑고 교육하며 직원의 인사와 월급 등을 관리한다.
연구개발부 – 더 좋은 물건을 만들기 위해서 연구한다.
총무부 – 회사의 건물, 시설, 사무용품, 회사서류 등을 관리한다.
홍보부 – 회사의 이미지를 관리하며 회사의 이름을 알린다.
자금부 – 자금에 대한 계획을 세우고 자금을 관리한다.

• **듣기**

Ⅰ 1. ❶ 2. 1) O 2) X 3) O

• **읽기**

Ⅰ 1. ㄱ) 4 ㄴ) 2 ㄷ) 1 ㄹ) 3
2. 1) X 2) X 3) O

4과 부서와 업무

• **본문 어휘**

1) 제품 2) 최선을 다하는 3) 환영하는 4) 부서
5) 알리는

• **관련 어휘**

1. 기획, 제품 개발, 자금 관리, 고객 관리
2. 1) 최소 2) 최대 3) 최저 4) 최고 5) 최하

• 듣기

I

이름	회사	부서
이미연	제약 회사	영업부
박철수	전자 회사	홍보부
김정현	화장품 회사	인사부
서영호	식품 회사	총무부

• 읽기

I 1. ❶

2. 1) 지적이며 조용한 성격 – 연구개발부, 총무부, 인사부

2) 창조적인 성격 – 홍보부, 마케팅부서

3) 활동적인 성격 – 영업부, 현장관리업무

5과 명함

• 본문 어휘

1) 명함 2) 마음을 놓을 3) 업계 4) 대단하다
5) 경쟁, 치열해지

• 관련 어휘

1. 1) 대표이사 2) 팀장 3) 연구원 4) 원장 5) 전문의
2. 1) 경쟁사 2) 경쟁력 3) 경쟁자 4) 경쟁률

• 듣기

I 1. ❷ 2. 1) O 2) X 3) X

• 읽기

I 1. ❶ 2. 명함을 통해서 그 사람을 기억하므로
3. 1) X 2) X 3) O

6과 회의

• 본문 어휘

1) 현지인 2) 실적 3) 조사 4) 판매 5) 분석

• 관련 어휘

1. 제안, 의견, 찬성, 반대, 동의
2. 연예인 – 가수, 배우, 탤런트 등
   직장인 – 회사에 다니는 사람
   중개인 – 중간에서 매매를 도와주고 수수료를 받는 사람
   상인 – 장사를 하는 사람

• 듣기

I 1. 대화 1 – ❷ 대화 2 – ❸ 대화 3 – ❹
2. 1) X 2) X 3) O

• 읽기

I 1. ❹ 2. ❷ 3. 1) X 2) O 3) X

7과 프레젠테이션

• 본문 어휘

1) 발표 2) 몸짓 3) 청중 4) 효과적이다 5) 전달하는

• 관련 어휘

1. 화술 – 어법, 말투에 신경 쓴다.
   시청각 자료 – 표나 그림으로 보여 준다.
   출처 – 어디에서 내용을 인용했는지 밝힌다.
   요약본 – 발표 내용을 이해하기 쉽도록 간단하게 정리한다.
2. 서론, 결론, 토론

• 듣기

I 1. ❷

2. 회사원들이 프레젠테이션을 잘 할 수 있도록 도움을 주기 위해

3. 1) X 2) O 3) X

• 읽기

I 1. ❶

2. ㄱ) ❶ ㄴ) ❸ ㄷ) ❷ ㄹ) ❹

3. 태양주식회사의 자회사인 '장미'의 로고

8과 비즈니스 이메일

• **본문 어휘**

1) 가격표 2) 수신 참조 3) 요청하신 4) 첨부파일 5) 답변

• **관련 어휘**

1. 받은 편지함, 입력, 보낸 편지함, 수신 확인, 스팸 메일, 삭제
2. 애국심 – 나라를 사랑하는 마음
   호기심 – 새롭고 신기한 것을 좋아하거나 모르는 것을 알고 싶어하는 마음
   경쟁심 – 다른 사람을 이기려고 하는 마음
   자존심 – 남에게 굽히지 않고 자신의 품위를 스스로 지키는 마음
   이기심 – 다른 사람을 생각하지 않고 자신만의 이익을 생각하는 마음

• **듣기**

Ⅰ 1. ❸
   2. ❶
   3. 자신을 알릴 수 있는 효과적인 방법이기 때문이다.

• **읽기**

Ⅰ 1. 이메일 1 – ❷ 이메일 2 – ❶ 이메일 3 – ❸
   2. ❷
   3. 1) O 2) X 3) O
   4. (❷, ❹)

9과 게시물

• **본문 어휘**

1) 여부 2) 게시판 3) 점수를 딸거예요 4) 야유회
5) 참가할

• **관련 어휘**

1. 1) 공지 사항 2) 협조 요청
   3) 인사 발령 4) 부고
2. 동호회 – 취미가 같은 사람들이 함께 취미활동을 하는 모임
   동창회 – 같은 학교를 졸업한 사람들이 오래간만에 한 자리에서 만나는 모임
   송별회 – 떠나는 사람을 보낼 때 섭섭함을 달래기 위해 가지는 모임
   환영회 – 회사나 학교에 새로 들어온 사람을 반갑게 맞기 위한 모임

• **듣기**

Ⅰ 대화 1 〈가〉 대화 2 〈라〉
   대화 3 〈다〉 대화 4 〈나〉

• **읽기**

Ⅰ 〈게시물 1〉
   1. 직원들의 단합을 위해서 2. ❸
   〈게시물 2〉
   1. 한 해 동안 수고한 임직원에게 보답하려고
   2. 1) X 2) X 3) O

10과 회식

• **본문 어휘**

1) 애를 쓴 2) 마련했습니다. 3) 회식 4) 습기
5) 건배 6) 영양 보충

• **관련 어휘**

1. 1) 격려해 2) 친목을 도모하기 3) 서먹하다
   4) 화기애애해서 5) 단합해서
2. 1) 온기 2) 활기 3) 열기 4) 한기 5) 생기

• **듣기**

Ⅰ

	왜 회식을 합니까?	어디에서 회식을 합니까?
대화1	신입사원을 환영하기 위해서	생맥주집
대화2	프로젝트가 끝나서	삼겹살집
대화3	최우수 부서로 뽑혀서	고급 한식집

• **읽기**

Ⅰ 1. ❶

2. 1) O 2) X 3) O
3. 친목 도모를 통해 생산성을 높이는 것.

11과 품질 관리

• **본문 어휘**

1) 개선 2) 영향을 받는다 3) 부품 4) 품질 5) 겹쳐서 6) 출력

• **관련 어휘**

1. 1) 품질 인증 2) 보완했습니다
3) 소비자 평가, 사용 후기 4) 품질관리
2. 1) 화질 2) 재질 3) 음질 4) 소질 5) 자질

• **듣기**

Ⅰ 1. 인터넷 전화 2. ❷
Ⅱ 1. 디지털 카메라 2. ❸
Ⅲ 1. 아파트 2. ❸

• **읽기**

Ⅰ 1. ❶
2. 깔끔하고 깨끗하게 청소를 잘 한다는 의미로
3. ❷
4. 1) O 2) X 3) X

12과 불만제기

• **본문 어휘**

1) 염색했습니다 2) 촉박해서 3) 납기일 4) 번졌습니다 5) 희미합니다 6) 반품

• **관련 어휘**

1. 1) 환불 2) 교환 3) 수선 4) 수리 5) 요구
2. 1) 홍보용 2) 사무용 3) 전시용 4) 유아용 5) 업소용

• **듣기**

Ⅰ 듣기 1- (3) 듣기 2- (1) 듣기 3- (2)

• **읽기**

Ⅰ 1. ❷
2. 1) X 2) O 3) X
3. 클레임을 해결하는 비용이 소비자 부담으로 돌아가기 때문에

13과 고객 서비스

• **본문 어휘**

1) 옥상 2) 우수 직원 3) 재교육 4) 실시한다
5) 기획했다 6) 고객 만족도 7) 포상

• **관련 어휘**

1. 1) 고객 관리 2) 소비자 상담실 3) 서비스 센터
4) 무상 보증 기간 5) 출장 서비스
2. 1) 재활용 2) 재건축 3) 재방송 4) 재회 5) 재혼

• **듣기**

Ⅰ 1. ❷ 2. ❹ 3. ❶

• **읽기**

Ⅰ ❸ Ⅱ 1. ❷ Ⅲ 1. ❹ 2. ❷

14과 제품 설명하기

• **본문 어휘**

1) 가격대 2) 세련된 3) 기능 4) 내장되어 있어서
5) 편집할 수 있다 6) 이동식 디스크 7) 화소

• **관련 어휘**

1. 1) 소재 2) 소음, 전력 소모 3) 특징 4) 용량
2. 1) 내용 2) 내과 3) 내복 4) 내부 5) 내면

• **듣기**

Ⅰ 듣기 1. ❸ 듣기 2. ❷ 듣기 3. ❷

• **읽기**

Ⅰ 1. ❸
2. 아무리 열심히 설명해도 소비자가 구매하지 않을 때가 더 많기 때문에
3. 1) O 2) X 3) X

15과 업무 전화

• **본문 어휘**

1) 전해 주십시오 2) 의뢰해 3) 통화 4) 가능할까요 5) 비우세요 6) 건

• **관련 어휘**

1. 직통 전화, 대표 전화, 교환원, 내선 번호, 자동 안내
2. 1) 출장중 2) 상담중 3) 휴가중 4) 부재중 5) 통화중

• **듣기**

Ⅰ 대화 1. ❸ 대화 2. ❷
Ⅱ 1. ❹ 2. 1) X 2) X 3) O 4) O

• **읽기**

Ⅰ. 1. ❷ 2. ❹ 3. ❹

16과 계약

• **본문 어휘**

1) 월세 2) 보증금 3) 작성할 4) 날짜를 잡읍시다. 5) 신분증 6) 계약금, 잔금

• **관련 어휘**

1. 근로계약 – 근로자와 사용자 간의 계약
무역계약 – 수출, 수입에 대한 계약
매매계약 – 물건을 사고 팔 때 맺는 계약
임대차계약 – 건물, 상가, 아파트 등을 빌릴 때 맺는 계약
2. 1) 상금 2) 축의금 3) 조의금 4) 중도금 5) 상여금

• **듣기**

Ⅰ❹ Ⅱ ❸ Ⅲ ❹

• **읽기**

Ⅰ 1. ❹ 2. ❹ 3. 1) X 2) O 3) X

17과 신제품 개발

• **본문 어휘**

1) 판매율 2) 업체 3) 출시된 4) 반응 5) 전망

• **관련 어휘**

1. 개발, 출시하면, 시제품, 선보이는, 제작하기로
2. 성장률, 이혼율, 확률, 상승률

• **듣기**

Ⅰ 1. ❷ – ❹ – ❸ – ❶ – ❺
2. (❶, ❸)
3. (❷)

• **읽기**

Ⅰ 1. 득
2. 1) X 2) O 3) X
3. 소비자의 요구를 파악하고 시장조사를 잘 해야 한다.

18과 광고

• **본문 어휘**

1) 광고주 2) 선정 3) 까다로워서 4) 고가 5) 내세우기로 했다

• **관련 어휘**

1. 의뢰한다, 내, 싣는, 광고 효과, 광고 문구
2. 1) 저임금 2) 고급 3) 고비용 4) 고층

• **듣기**

Ⅰ

광고1	상품 이름: 드림타워 상품 종류: 아파트/주상복합 상품 특징: 멋진 야경, 넓은 정원과 산책로
광고2	상품 이름: 뱅가드 상품 종류: 7인승 승합차 상품 특징: 실내가 아늑하고 크다.
광고3	상품 이름: 봉죽 상품 종류: 죽/건강식 상품 특징: 맛이 좋고 건강에 좋다.

• 읽기

Ⅰ 1. ❸

2. 판매율을 높이는 광고 / 제품을 많이 팔게 만들어준 광고

3. 1) X 2) X 3) O

19과 홈쇼핑

• 본문 어휘

1) 레저용품 2) 황금시간대 3) 매출
4) 편성한다 5) 구매력

• 관련 어휘

1. 쇼호스트, 선착순, 결제, 무이자 할부, 상담원, 자동 주문
2. 1) 경제력 2) 자금력 3) 잠재력 4) 영향력

• 듣기

Ⅰ 1. ❸ 2. ❶ 3. 1) X 2) O 3) O

• 읽기

Ⅰ 1. ❹

2. 트로트 가요 – 인삼차, 테크노 음악 – 레저 용품, 클래식 음악 – 보석

3. 1) O 2) O 3) X

20과 시장조사

• 본문 어휘

1) 예측하기 2) 기호 3) 규모 4) 차별화 5) 곡류
6) 알아냈다

• 관련 어휘

1. 1) 독점 2) 전망 3) 시장 점유율 4) 성장 5) 시장성
2. 1) 대중화 2) 온난화 3) 고급화 4) 자동화

• 듣기

Ⅰ 1. 포장밥 2. ❹

Ⅱ 1. ❹ 2. 1) X 2) O 3) X

• 읽기

Ⅰ 1. ❶

2. 돈을 쓰다

3. 1) O 2) X 3) O

21과 창업

• 본문 어휘

1) 외식업 2) 창업 3) 소자본 4)안정적인 5) 워낙
6) 운영하려면

• 관련 어휘

1. 상권, 임대할, 권리금, 손실, 순이익, 손익분기점
2. 대리점 – 가전제품이나 우유 등 상품의 판매를 대신하고 수수료를 받는다.

본점 – 여러 영업소가 있을 경우, 제일 주가 되는 영업소를 말한다.

지점 – 보통 은행이나 백화점이 각 지역에 두고 있다.

할인점 – 이곳에 가면 싼 값에 물건을 살 수 있다.

• 듣기

Ⅰ 1. ❶ 2. ❷ 3. 1) X 2) O 3) X

• 읽기

Ⅰ 1. ❷ 2. ❶ 3. 1) X 2) O 3) X

22과 설문조사

• 본문 어휘

1) 실물 2) 전반적 3) 과제 4) 불만 사항 5) 간혹
6) 대상 7) 다소

• 관련 어휘

1. (항목) (연령) (거주지) (성별) (연봉)
2. 1) 선호도 2) 호응도 3) 인지도 4) 중요도

• 듣기

Ⅰ 1. ❸ 2. 맥주를 마시면 배가 불러서

Ⅱ 1. 전자사전
2. 1) 자판을 찍을 수 있는 (연필 같은) 도구가 있었으면 좋겠다.
2) 컴퓨터와 연결되어서 단어가 업데이트 되었으면 좋겠다.

Ⅲ 1. 직장 여성 2. 1) X 2) X 3) O

• 읽기

Ⅰ 1. ❸ 2. 1) X 2) O 3) O 4) O

23과 신용카드

• 본문 어휘

1) 발급 2) 적립 3) 혜택 4) 주유할 5) 현금서비스 6) 가맹점

• 관련 어휘

1. 연체이자 – 카드 이용금액을 정한 날짜까지 내지 못하면 내지 못한 날짜만 큼 더 돈을 내야 함.
일시불 – 카드 이용금액을 한 번에 지불함.
연회비 – 카드를 계속 사용하기 위해 일 년에 한번 카드 회사에 내는 돈
총 결제 금액 – 한달동안 이용한 카드 이용 금액의 합계
청구서 – 카드 회사에서 한 달에 한 번 총 카드 이용 금액을 고객에게 알리기 위해 보냄.

2. 1) 탑승권 2) 상품권 3) 회원권 4) 입장권

• 듣기

Ⅰ 1. 1) 현금을 많이 가지고 다닐 필요가 없다.
2) 갑자기 돈을 쓸 일이 생겨도 당황스럽지 않다.
2. ❸
3. 1) O 2) O 3) X

• 읽기

Ⅰ 1. ❸ 2. ❷ 3. 1) X 2) O 3) O

24과 보험

• 본문 어휘

1) 재해 2) 질병 3) 특성 4) 지급된다 5) 보장 6) 골절상 7) 설계

• 관련 어휘

1. 1) ❷ 2) ❹ 3) ❺ 4) ❸ 5) ❶
2. 관리비 – 전기, 수도, 난방 등 건물관리에 드는 돈
생산비 – 기업이 제품을 만들어 내는 데에 드는 돈
교통비 – 버스, 전철을 이용하는 데에 드는 돈
생활비 – 버스요금, 식비, 전기요금 등 생활하는 데에 드는 돈
학비 – 공부를 하는 데에 드는 돈

• 듣기

	보험의 종류가 무엇입니까?	언제 보험료가 지급됩니까? 맞는 것에 ✓표 하십시오.
대화 1	여행자 보험	여행 중 집에 도둑이 들었을 때( ) 여행을 가서 비싼 곳에 머물 때( ) 여행 중 물건을 잃어버렸을 때(✓)
대화 2	교육 보험	아이가 대학에 들어갈 때(✓) 아이가 대학을 졸업할 때( ) 부모가 아플 때( )
대화 3	효도 보험	부모 사망했을 때( ) 부모가 사고로 다칠 때(✓) 부모가 여행갈 때( )

• 읽기

Ⅰ 1. ❸ 2. ❸ 3. 1) X 2) O 3) X 4) O

25과 미래 직업

• 본문 어휘

1) 감별하기 2) 산업 3) 유망하다 4) 특이해서 5) 갖춘 6) 뜨고 있는

• 관련 어휘

1. 작가 – 소설이나 드라마 등의 극본을 쓰는 사람
사업가 – 자기 회사를 경영하는 사람
회계사 – 회사나 기업의 세금에 관련된 업무에 대

해 상담해 주는 사람
공무원 – 정부기관에서 일하는 사람
세무사 – 회사의 경영상태나 재무상태에 대한 감사나 상담을 해 주는 사람
연구원 – 전문적 분야의 연구를 직업으로 하는 사람

2. 아파트 건설회사, 댐 건설회사 – (건설업)
커피전문점, 식당 – (서비스업)
여행사, 가이드 – (관광업)
제약회사, 식품회사 – (제조업)
잡지사, 출판사 – (출판업)
대형마트, 할인점, 백화점 – (유통업)

• **듣기**

Ⅰ 1. ❶ 2. ❶ 3. 1) X 2) O 3) O

• **읽기**

Ⅰ 1. 안전성과 수익성이 없다면 언제든지 시장에서 사라질 수 있기 때문이다.
2. ❹
3. 1) X 2) O 3) O

26과 자료 분석

• **본문 어휘**

1) 통계청 2) 획기적인 3) 성능 4) 신뢰도 5) 처리

• **관련 어휘**

1. 1) 점유율, 증가했다/늘었다, 증가했다/늘었다, 감소했다/줄었다
2) 비중, 차지하, 비중
2. 1) 서대문구, 마포구, 동작구 등에 하나씩 있는 행정기관 – 구청
2) 수출입 물품을 관리하고 거기에 따른 세금을 관리하는 기관 – 관세청
3) 국민에게 세금을 매기고 관리하는 행정 기관 – 국세청
4) 서울, 부산, 인천 등의 행정 업무를 맡은 정부 기관 – 시청

• **듣기**

Ⅰ 1. (브랜드) (가격) 2. ❶
Ⅱ 1. 1) ❶ 2) ❹ 3) ❷ 4) ❸
2. (전자 전문상가) (직영대리점, 독립 매장) (대형마트의 전자 제품매장)

• **읽기**

Ⅰ 1. ❶ 2. ❹

27과 유행과 트렌드

• **본문 어휘**

1) 눈에 띈다 2) 앞설 3) 욕구 4) 독특한 5) 반영했다
6) 감각

• **관련 어휘**

1. 민감한, 쫓다, 뒤떨어져도, 타지
2. 1) 중저가 2) 정가, 할인가 3) 생산가, 판매가

• **듣기**

Ⅰ 1. ❷ 2. ❹
3. 김대중 대통령이 파란색 셔츠를 즐겨 입었기 때문에

• **읽기**

Ⅰ 1. (❷, ❸) 2. ❹
3. 유행은 현재 인기를 끌고 있는 것을 말하며 트렌드는 미래 시장에도 인기를 끌 아이템에 대한 예측을 가능하게 해 준다.

28과 마케팅 전략

• **본문 어휘**

1) 위생적인 2) 단골 고객 3) 공정 4) 벤치마킹
5) 마음을 얻는

• **관련 어휘**

1. 1) 끼워 팔기 – 예식장을 예약할 때 그 예식장에서 제공하는 웨딩 드레스를 입어야 합니다

2) 무료 체험권 – 이 쿠폰으로 저희 찜질방을 1회 무료로 이용할 수 있습니다.
3) 세트 판매 – 이 소설책은 5권까지 있는데 5권을 한 번에 사시면 20% 할인해 드립니다
4) 경품 – 저희 백화점 물건을 이용하시는 분 중 1명을 추첨해서 자동차를 드립니다.
5) 사은품 – 저희 카드의 회원이 되시면 우산을 드립니다.
6) 포인트 적립 – 매장을 이용하실 때마다 카드의 점수가 올라가서 나중에 현금처럼 사용할 수 있습니다.
7) 시음 · 시식행사 – 무료로 식품을 맛볼 수 있습니다.

2. 1) 비매품 2) 비수기 3) 비생산 4) 비영리 5) 비공식

• 듣기

	마케팅 전략
듣기 1	가
듣기 2	다
듣기 3	라

• 읽기

Ⅰ 1. ❸ 2. ❶ 3. ❹

29과 대인 관계

• 본문 어휘

1. 1) 상하기 2) 부딪치면 3) 효율성 4) 우선이다
   5) 존중하는 6) 중요시하는

• 관련 어휘

1. 1) 원만하다 2) 붙임성이 좋아서 3) 대인관계
   4) 발이 넓어서 5) 평판
2. 1) 사교적 2) 비사교적 3) 외향적 4) 소극적
   5) 적극적

• 듣기

Ⅰ 1. ❶ 2. ❹ 3. 1) 얼굴 표정 2) 목소리

• 읽기

Ⅰ 1. 〈ㄱ〉 – (2) 〈ㄴ〉 – (3)
〈ㄷ〉 – (1) 〈ㄹ〉 – (4)
2. ❹
3. 1) O 2) X 3) X

30과 존경받는 기업

• 본문 어휘

1) 환원 2) 의지 3) 지속적으로 4) 방식 5) 공익

• 관련 어휘

1. 1) 장학사업 2) 사회사업 3) 후원 4) 자선사업
   5) 기부
2. 1) 공동 2) 공중 3) 공영 4) 공공

• 듣기

Ⅰ 1. 가전제품
2. 미국에서 버려지는 자사제품을 처리하여 환경을 보호하기 때문에

Ⅱ 1. 기업의 이익을 꾸준히 사회에 환원하고 있기 때문에
2. ❷

• 읽기

Ⅰ 1. ❶
2. 1) O 2) X 3) X

어휘 색인

ㅈ